CARDBOARD HANDLOOM
TECHNIQUE BOOK

ダンボール織り テクニックBOOK

365日使える"お気に入り"がどんどん作れる！

蔭山はるみ

誠文堂新光社

INTRODUCTION

私が初めてダンボールの織り機を作ったのは、10年ほど前のこと。
当時、大好きでとっておいた毛糸を解禁してマフラーを作ろうと思い立ったのですが
いざ計算してみたら、希望通りの形にするには、どんな手法でも量が足りない。
でも、一度決めたからにはもう絶対作る！　と、半ば意地になりつつ方策を練り、
たどり着いたのが、ダンボールを織り機に利用するアイデアでした。
おかげで無事マフラーは完成し、そのためだけに考案した織り機は自動的に
バイバイとなるはずだったのですが ……　予想外の展開。
ダンボールに少し手を加えただけなのに、想像以上にちゃんと織れるし
なによりその作業が楽しくて楽しくて、私、すっかり気に入ってしまったのです。
結局、その後も作り使い続けて改良を重ねると同時に、新しい織り機もどんどん誕生。
その魅力、楽しさを伝えるべく本も出版し、たくさんの方に見ていただけることに───。
今では、あのときのマフラーを"助手（見本作品）"のひとりとして引き連れ、
各地で講座やワークショップも開催するようになりました。

　本格的な織り機がなくても、誰でも気軽にラクに手織りが楽しめる。
さまざまな種類の織り機を使い分けることで、本格的な織り機では作れない
いろんな形やデザインのアイテムが作れる … など、ダンボール織りの魅力は
たくさんあります。でもいちばんの魅力は、初めて作って使ってみたとき
心底感じた、「すっごく楽しくて面白い！」あの気持ち。
あのワクワクをずっと味わっていたくて、皆さんにもお伝えしたくて
10年経った今でも変わらず作り続けている … そんな気がしています。
と同時に、まだまだ新しい発見がたくさん！　お伝えしきれないことも数々たまってきました。
そこで、10年ひと区切りの意味も込めて、すべてをこの1冊に───。
作品のアイデアはもちろん、織り機の作り方も織り方も前作以上にくわしくていねいに。
今回初お披露目の織り機や、とっておきの"秘密兵器"の公開も含め
「これぞダンボール織りの集大成」と自画自賛できるほど（笑）ギッシリと詰め込みました。
手作り好きはもちろん、手織りはじめてさんでもぶきっちょさんでも、大丈夫。
さっそくダンボールを調達して、好きな糸や素材を用意して
「すっごく楽しくて面白い」ダンボール織りの世界、たっぷり味わってください！

CONTENTS

INTRODUCTION ……… 2
本書に登場するダンボール織り機たち ……… 6
ダンボール織りで使える糸と素材カタログ ……… 8

part 1
ベーシックいた織り機で作る
MADE WITH A BOARD
LIKE BASIC CARDBOARD HANDLOOM

コースターコレクション1
　赤い毛糸に白を組み合わせて ……… 12
　赤の麻糸に異素材を合わせて ……… 13
コースターコレクション2
　いろんな糸や素材でアレンジ ……… 14
まんまるシートクッション ……… 16
ふわふわコサージュ ……… 19
鍋敷き&鍋つかみ ……… 20

part 2
テーブル織り機で作る
MADE WITH A
TABLE CARDBOARD HANDLOOM

グラデーションマフラー ……… 22
リボンアクセントマフラー ……… 23
スリムマフラー～イエロー ……… 24
スリムマフラー～ブルー ……… 25
ひざかけストール ……… 26
ツートーンマフラー ……… 28
千鳥格子のマフラー ……… 30
ファーティペット ……… 31
マーガレットストール ……… 32
インテリアマット ……… 34

part 3
アレンジいた織り機で作る
MADE WITH A BOARD
LIKE ARRANGEMENT CARDBOARD HANDLOOM

麻ひものぺたんこバッグ ……… 36
麻ひも&裂き布のぺたんこバッグ ……… 37
クッションカバー ……… 38
クラッチバッグ ……… 40
きんちゃくとカードケース ……… 41

part 4 はこ織り機で作る

MADE WITH A BOX LIKE CARDBOARD HANDLOOM

- ポット&カップウォーマー …………… 43
- スヌード …………… 44
- レッグウォーマー …………… 46
- ぽんぽんぼうし …………… 48
- リネンの裂き織りトートバッグ …………… 50
- ウールのキューブバッグ …………… 52

part 5 織り機を作って織ってみましょう！

LET'S MAKE AND WEAVE A CARDBOARD HANDLOOM

- ダンボール織りに必要な道具たち …………… 54
- 織り機に使うダンボールの選び方 …………… 56

LESSON 1 ベーシックいた織り機
- 基本のいた織り機 …………… 57
- 裂き布・細糸用いた織り機 …………… 62
- 丸いた織り機 …………… 64

LESSON 2 テーブル織り機 …………… 67

LESSON 3 アレンジいた織り機
- くるくるフタつき袋織り機 …………… 73
- くるりん袋いた織り機 …………… 78

LESSON 4 はこ織り機
- 基本のはこ織り機 …………… 82
- アレンジはこ織り機 …………… 86

HOW TO MAKE 〜材料と作り方〜 …………… 93
- 糸コレクション …………… 123

THE MEMBERS OF CARDBOARD HANDLOOM

本書に登場するダンボール織り機たち

ダンボールの織り機って、なに？ どんな形をしているの？
この本で初めてダンボール織り機と出会う方にとっては、気になるところですよね。
ダンボール織り機は読んで字のごとく、ダンボールで作った織り機。身近な道具を使って
ほんの少し加工するだけで、簡単に作れます。されど市販の織り機に負けず劣らず
さまざまなアイテム作りに活躍してくれるなかなかのスグレもの。しかも種類は、ひとつではありません。
作りたいアイテムに合わせて使い分けができるようにと、考えるうちにどんどん増えて
今や、その数9種類！ これからご紹介する作品にも、9種すべての織り機が使われています。
"はじめまして"の方には、ごあいさつの意味も込めて、
もう御存知の方はおさらいと、この本がデビューの新織り機のお披露目を兼ねて
まずは、そんな織り機たちの"自己紹介"からはじめましょう。

ベーシックいた織り機

板状のダンボールの上下端に切り込みを入れ、そこにたて糸をかけて使います。コースターやランチョンマットなど比較的小さめのこものを作るのに便利。写真の"毛糸用"と、切り込み部分が狭い"裂き布・細糸用"があります。

丸いた織り機

織り機の周囲にグルッと切り込みを入れたタイプ。対角線状にたて糸をかけて作ると、円形に織りあがります。コースターや鍋敷きなど丸い形にしたいときに。

BASIC

詰め仕上げ用丸いた織り機

丸いた織り機と同じく丸い形が織れるタイプですが、周囲にフリンジをつけたくないときはこちらを。今回初お披露目の織り機で、表紙のシートクッションは、この織り機で作っています。

テーブル織り機

端に切り込みを入れたダンボール2枚で1組。テーブルを利用し、1枚をテーブルの端に、もう1枚を織りたい長さだけ離して貼って使います。織り幅や長さを自由に調節できるのが最大の魅力。マフラーやストールなど長さのあるもの、マットなど幅広いものは、この織り機で作ります。

くるりん袋いた織り機

織り機はベーシックいた織り機と同じく板状ですが、こちらは切り込みを入れずに直接織り機にたて糸を巻いて使います。織り機の表裏を往復して織りすすめ、終わって織り機からはずすと、すでに袋状に織りあがっています。

くるくるフタつき袋織り機

くるりん袋いた織り機同様、板状の織り機に切り込みを入れずに使います。織り機を表裏くるくる回しながら織りすすめ、織り終わってはずすと…こちらはフタつきの袋状に！ ポーチやクラッチバッグなど、フタをつけたい袋ものはこれで。

アレンジはこ織り機

こちらも今回、初お披露目の織り機。箱の四面にたて糸をセットし、箱の底側から織りはじめることで、マチつきの袋状に織りあがります。バッグ類はもちろん、芯に張りのある素材を合わせて収納ボックスやバスケットを作ってもOK。

はこ織り機

ダンボールの箱自体を、そのまま織り機に利用するもの。箱にクルクルとたて糸を巻いて使います。織りあがりが筒状にできあがるのが特徴。レッグウォーマーやスヌードなど筒状のアイテムや、ぼうしなどを作るときにおすすめ。

CATALOG OF YARN AND THE OTHER MATERIAL

本数も種類も組み合わせは、無限大！
ダンボール織りで使える糸と素材カタログ

手織りは、たて糸とよこ糸を交差させながら組み合わせていく作業。
たて糸をかけ、それに交差するように上→下→上→下と交互によこ糸を通していくことで
形ができあがっていきます。いちばんの特徴は、1本の糸から作っていく手編みと違って
たて糸とよこ糸がそれぞれ独立している点。たて糸、よこ糸ともに、一度に何本もの、
それもさまざまな種類の糸を、自由に組み合わせることができるので
よりバリエーション豊かな仕上がりが楽しめます。
特に、ダンボール織りの場合は従来の織り機と違って
たて糸の太さや素材を選ばないので、さらにいろんな素材の組み合わせが可能。
どんな糸や素材が使えるのか、さっそくチェックしてみましょう。

YARNS 糸

ふだん私たちが使っている「糸」はどれも、
"単糸"を何本か合わせたものに撚りをかけて作られています。
なかでも手織りや手編みに使う毛糸、春夏糸は単糸の素材や形状、
撚りや加工法によって、大きく2種類に分類されています。
そんな糸たちのプロフィールも解説しながら、
ダンボール織りで使える糸をご紹介します。

毛糸

極細から超極太までさまざまな太さがあるが、ダンボール織りに使う場合は極太か超極太がおすすめ。

綿コード

糸が細いので、織り目の細かい繊細な織り地が作れる。ダンボール織りでは、裂き布などを織るときのたて糸として、また数本の糸を組み合わせるときにベースの1本として使う。

ストレートヤーン

単糸をまとめ、撚りをかけただけのまっすぐな糸のこと。糸がまっすぐなぶん、織り目がしっかり目立ってしまうので、単独で使う場合は織りに少し慣れてきてから使うといいでしょう。

リネン糸〜麻ひも

細いものは綿コード同様の使い方で。麻ひもは、袋織りでバッグを作るときにもおすすめ。手編みで作ったものとはひと味違ったシンプルな表情に仕上がる。その他、毛糸の作品に張りを持たせたいとき、一緒に織り込んで使うことも。

ストレート/ファンシーヤーン

ロービングヤーン

あまり撚りをかけず、甘めに仕上げた糸。その製造過程の違いで、ストレートに分類されるものとファンシーに分類されるものがある。本書では、さまざまな作品に登場する。

ファンシーヤーン

芯糸に飾り糸を合わせ、押さえ糸で固定して、糸表面の形状に変化をつけたもの。糸自体がブクブクしていて織り目があまり目立たないため、多少織り目が飛んでも、不均一でもわかりづらく、見た目良く仕上がります。はじめて挑戦するなら、まずこちらの糸から。

モヘアヤーン

モヘアの形状に似せて加工した糸。毛足が長くソフトで軽く、ふんわりと織りあがる。本来のモヘアは山羊の毛だが、加工したものにはナイロンなど合成繊維製も。

ループヤーン

飾り糸に、芯糸とは逆の方向に撚りをかけることでループを作り、押さえ糸でとめたもの。ループの大きさによって、さまざまな種類がある。

スラブヤーン

わた毛を撚り合わせた飾り糸で、スラブ（紡錘状のやわらかい節）を作った糸。太さが均一でなく、細くなったり太くなったりしているのが特徴。

これもループヤーンの仲間

ループヤーンを起毛させたもので、全体にフワフワしている。織ると織り目がほとんど目立たなくなるので、初心者におすすめ。

ファーヤーン

毛足の長い飾り糸を合わせて撚ったもの。織りあがると毛皮のような見た目と風合いになり、特にマフラー用の毛糸として人気。

こんな変わり糸も

まっすぐな糸にカラフルなボンボンやしっぽのようなフリンジがついたり、テープ状の糸にカーリーな糸をからませたりetc…。ファンシーヤーンには、こんな個性派の糸もたくさん。おしゃれにかわいくセンスアップしたいとき、アクセントに使えば効果大！ もちろん単体で作品を作ることもできる。

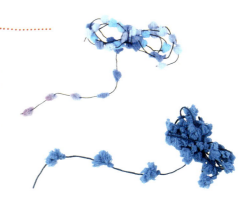

糸の用語　＊芯糸…糸の基（もと）になるもの　＊飾り糸…芯糸の上に巻いて、風合いや飾りを作るもの
＊押さえ糸…飾りの形状がくずれないように押さえるもの

OTHER MATERIALS ……その他の素材

細くて長いひも状のもの、あるいはひも状に加工できるものなら
まだまだ使えるものはたくさん！ 代表的なものをピックアップしました。

布
テープ状にカットしたり裂いたりして、裂き織りのよこ糸に使う。オーガンジーのような薄手のものからカットソー、分厚いウール、きもの地まで、どんな素材＆厚さの布もOK。

革ひも
たて糸に何本か加えて、作品のアクセントにするとおしゃれ。カチッと仕上げたいときはかためのものを、ソフトにしたいときは薄手で柔らかなものを…と、用途に合わせてセレクトを。

フェルト原毛
見た目は超極太毛糸のようだが、実はフェルト化する前の原毛。従来の織り機は、あまり太すぎるものは難しいが、ダンボール織りなら、ある程度太さがあっても柔軟性がある素材ならOK。

リボン
革ひも同様、たて糸に何本か加えてアクセントにすると効果的。細いものならたて糸全部をリボンにして織ることもできる。ダンボール織りなら素材、幅、デザイン共にどんなものでも使えるので、いろいろ合わせて楽しんでみて。

フェルト（シート）
好きな幅にカットし、テープ状にして、おもにたて糸に使う。ソフトに仕上げたいときは1mm厚さを、こもの作りなどで形をしっかりさせたいときは2〜3mm厚さのフェルトを。

アルミワイヤー
バッグなどに張りを持たせたいとき、アクセサリーの形を自由に曲げたりアレンジしたりしたいときは、細めのワイヤーをたて糸に加え、一緒に織り込んで芯に利用する。また、折り曲げができる太さのものなら（太さ2mmくらいまで〜写真）、ワイヤー単体で作品を作ることも可能。

モール
たて糸よこ糸どちらにも使用可能。アクセントに足したり、どんどんつなげてポーチやプチバスケットを作ったり…と、工作気分で楽しめる。

Part

1

MADE WITH A BOARD
LIKE BASIC CARDBOARD HANDLOOM

ベーシックいた織り機で作る

最初に登場するのは、今回ご紹介する織り機のなかでいちばんシンプル
かつベーシックな、板状のダンボール織り機で作れるアイテムたち。
シンプルとはいえ、形やデザインは実にバリエーション豊富。
手織り"はじめてさん"でも楽しみながら作れるコースターから
キュートなまんまるクッション、鍋敷きまで
暮らしに役立つこものが、続々登場します。

コースターコレクション 1
赤い毛糸に白を組み合わせて

たて糸とよこ糸の本数、糸の種類をちょっと変えるだけでどんどんイメージを変えられるのが、手織りのいちばんの面白さ。まずはベーシックな赤い毛糸と麻糸で、はじめてでも挑戦しやすいコースターを作りながら、そんな面白さと楽しさ、実感してみて！

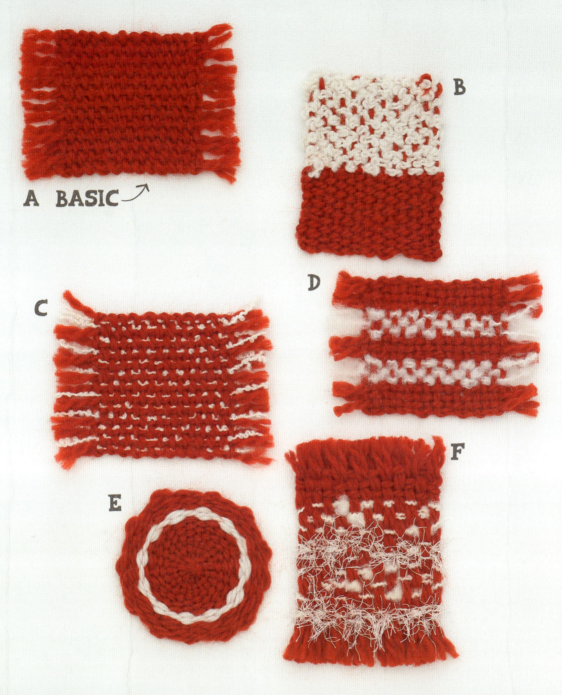

A　たてよこ共に1本どりで織った基本のコースター。いたってシンプル。ストレートな糸を使っているので織り目もしっかり目立つ。

B　よこ糸を途中から白のループヤーンにチェンジ。フリンジをつけずに仕上げたら、雰囲気もデザインも全く違うコースターになった。

C　糸の本数はAと同じまま、たて糸に細いループヤーンを足してみた。これ1本入るだけで織り目が目立ちづらくなり、やわらかい印象に。

D　糸の本数はAと同じまま、たて糸を6本、白に変えて織っただけ。白の部分がちょっと透かし織りっぽくも見えて、繊細な仕上がりに。

E　こちらは、丸織り機で作った丸いコースター。赤の毛糸と色違いの白をアクセントに加えて、カジュアルで明るい雰囲気に仕上げた。

F　たて糸を2本どりにしたので、1本のときより厚みのあるコースターに。よこ糸も個性のある2種類を選んで、さらにボリュームアップ。

赤の麻糸に異素材を合わせて

COASTER COLLECTION 1

G BASIC

H

I

J

K
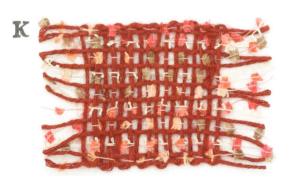

L
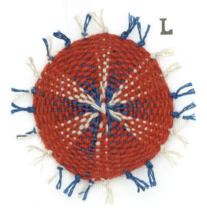

G 基本のコースターは、毛糸と同様たてよこ共に1本どりで織ったもの。これだけだと、ちょっぴり寂しい印象も。

H よこ糸を2本どりにしてボリュームをつけ、半分は同じ赤のストライプの裂き布を合わせた。Aよりナチュラルでかわいい雰囲気に。

I 今度は、たて糸を2本どりに。さらに1本、リネンのリボンをたて糸に加えて縦のラインを強調することで、スッキリとした印象に。

J 糸の本数はGと同じだが、3カ所だけ飾り糸に変えた。飾り糸は細めを選び、両側に少しすき間をあけて織ると、優しい印象が加わる。

K 麻糸と同系色が入ったカラフルな飾り糸と合わせた。さらに目を詰めずにざっくり織ることで、ガラッとイメージチェンジ!

L たて糸に少し細めの麻糸を利用。1色ではなく数色使うと、浮き出る織り目模様がいきてくる。これはトリコロールを意識して配色。

➡ 材料と作り方は **94~97**ページ

コースターコレクション 2
いろんな糸や素材でアレンジ

今度は思いつくまま、好きな糸や色、素材を組み合わせてみました。コースターはサイズが小さいぶん作りやすく、何枚あっても困らないからごらんの 11 枚を参考に、気になる糸や素材でどんどん試してみて！

A 麻糸＆リボンの組み合わせも、前ページとは糸の色を変え、リボンをよこ糸のアクセントに変えるだけで、これだけ雰囲気が変わる。

B たてよこ共に、8色の細い麻糸を順番にならべて織り込み、カラフルに。よこ糸の端もフリンジ仕上げにして、デザインに変化をつけた。

C 千鳥格子は、まず面積の小さいコースターで挑戦してみて。使った素材はクマザサを原料にした和紙の糸。冷たいドリンクに似合いそう。

D ふわふわの毛糸は、1種類のみでシンプルに丸く織るだけでかわいい。市販のフェルトボールをアクセントにつければ、よりかわいさアップ。

E 数種類の違った色糸を組み合わせるときは、Bのように同じ種類か、こんな風に同系色の糸で統一するとしっくりまとまる。これはたてよこ合わせて、計4種類の糸を使用。

F 糸の色が変わるだけで印象は変わるもの。こちらはDの色違い。

COASTER COLLECTION 2

G

H

I

J

K

G リネン地を裂き織りに。よこ糸が無地のときは、たて糸に個性のあるものを合わせて変化をつけても。細い糸でも丈夫ならたて糸に使える。

H 目の詰め方を好みでいろいろ変えられるのも織りの楽しさ。特にたて糸が太い場合は、飾り糸をよこ糸にザックリと織るとかわいい。

I ループヤーンはフリンジなしのコースターにおすすめ。一緒に織り込んだ光沢のある飾り糸が、ところどころでさりげなく光っておしゃれ。

J たてとよこで毛糸の色を変え、たて糸に革ひもをプラス。メンズライクなマフラーなどにもおすすめの糸合わせ。

K グラデーションの毛糸は編むとボーダーに仕上がるが、たて糸とよこ糸に使って織ると、チェック風の織り地に。

▶ 材料と作り方は **98～101** ページ

ROUND CUSHION

まんまるシートクッション

ダンボール織りなら、こんな丸型のアイテム作りもOK。
直径30cmと大きめですが、超極太&ひも状の原毛フェルトをよこ糸に
ざくざく織っていくので、1時間もあれば余裕で1枚作れます。

➡ 材料と作り方は **102**ページ

織り目は1段ずつしっかりと詰めながら織って仕上げて。また、たて糸は毛糸より、細くても丈夫な綿や麻を選んで。これで型崩れせず丈夫なクッションに仕上がる。2.5〜3cmと厚みもあって暖かいので、椅子のシートだけでなく、床や畳にじかに置いて使っても。

ふわふわコサージュ

丸い織り地の真ん中を縫いしぼって、
ピンをつければできあがり。
手編みより簡単&手早く、
ふんわりとエアリーに仕上がります。
少しの余り糸で作れるので、
いろんな種類で作っておしゃれを楽しんで。

▶ 材料と作り方は **103**ページ

CORSAGE

POT STAND & POT HOLDER

鍋敷き&鍋つかみ

キッチンづかいのこものは、しっかりと張りのある糸を選んで。
色は手持ちのツールと相性が良く、汚れも目立ちづらいものがおすすめ。
私はグレーのロービングにオレンジのウールジャージを合わせてみました。

▶ 材料と作り方は **104** ページ

Part 2

MADE WITH A
TABLE CARDBOARD HANDLOOM

テーブル織り機で作る

テーブルにセットして使う「テーブル織り機」いちばんの魅力は
作りたいものに合わせ、幅や長さを自由自在に変えて使えること。
ひとつ作っておけば、いろんなアイテム作りに利用できて便利です。
得意分野のマフラーやストールを中心に
春夏秋冬、さまざまな季節で使えるおしゃれかわいいデザインを
たっぷりとご紹介します。

GRADATION MUFFLER

グラデーションマフラー

手編みではボーダーに編み上がるグラデーションの毛糸ですが、
織るとツイードにも似たチェック風の織り地になります。
こんなループヤーンの毛糸なら、織り目が目立ちづらく
見栄え良くできるので、"はじめてさん"にもおすすめ。

▶ 材料と作り方は **95**ページ

RIBBON MUFFLER

リボンアクセントマフラー

ダンボール織りなら、たて糸にリボンを加えて織り込むこともできます。
リボンの幅や素材、形状も自由自在。
ライトグレーのふわふわの毛糸に、赤い模様織りのリボンでキリッと
アクセントをつけて、大人かわいいロングマフラーに仕立ててみました。

▶ 材料と作り方は **97** ページ

SLIM MUFFLER YELLOW

スリムマフラー〜イエロー

春夏用のマフラーは、繊細な細い飾り糸を組み合わせ
幅は細めにザックリと織り上げると、
見た目もつけ心地も軽やか。
糸を選ぶときは好きな色を1色決め
同系色で揃えるとおしゃれ。

▶ 材料と作り方は **105** ページ

スリムマフラー〜ブルー

細めの織り幅で、フリンジも少し長めにして…と
デザインは左のマフラーと同じなのに
色がブルー系に変わるだけで、クールで大人っぽい雰囲気に。
おしゃれのアクセント&引き締め役としても、活躍してくれそう。

▶ 材料と作り方は **105** ページ

RUG STOLE

ひざかけストール

極太毛糸をさらに数本束ねたような超極太毛糸を見つけて
思いついたのが、これ。大きめのボタンをふたつ、
縫いつけておくだけで、便利に使い分けできます。
サイズが大きいとそれだけ作業も大変な気がしますが
太くてふわふわソフトなこんな糸を選んで使えば
織りの作業も思いのほかラクチン＆スムーズ。

▶ 材料と作り方は **106** ページ

TWO TONE MUFFLER

ツートーンマフラー

ツートーンカラーと聞くと黒白や黒赤など
コントラストが強いイメージを想像しがち。
でも、毛足の長いモヘアの糸を使い
水色&ローズピンクの優しい色合わせで織れば
こんなにソフトでロマンティックな雰囲気に仕上がります。

▶ 材料と作り方は **106** ページ

HOUND'S TOOTH MUFFLER

千鳥格子のマフラー

スタンダードな千鳥格子だって、ちゃんと織ることができます。
ただ、最初から挑戦！となるとちょっぴり大変なので
いくつか試して、織りに慣れてきてからどうぞ。
糸が細すぎると難しく、太すぎると模様が出づらいので
並太程度の糸を数本合わせて織るといいでしょう。

▶ 材料と作り方は **99** ページ

FUR TIPPET

ファーティペット

こちらはうって変わって、誰でもラクラク見た目上手に仕上がる、ファーヤーンのアイテムです。
余った毛糸を使って、カフスやブレスレットなどを作りコーディネートすると、さらに素敵。

▶ 材料と作り方は **101** ページ

MARGUERITE STOLE

マーガレットストール

何種類もの毛糸を合わせるときは、まず主役になる毛糸を決め
それに合う色や質感の糸を足していくとしっくりまとまります。
ごらんのストールは、数色の小さな"つぶつぶ"を配した糸をメインに
モヘアやループなど、さまざまな質感の糸を組み合わせたもの。
両端にボタンをつけ、マーガレットとしても楽しめるデザインにしました。

▶ 材料と作り方は **107** ページ

インテリアマット

織りをやるなら、一度は作ってみたいフロア用のマット。
それも身近な素材を再利用できれば、なおうれしい…というわけで
誰もが１枚は持っている、紺とグレー系のＴシャツでリメイクしてみました。
ポイントは、たて糸にカラフルな色を選ぶこと。
着古したＴシャツたちが、見違えるほどかわいく変身します。

▶ 材料と作り方は **108** ページ

INTERIOR MAT

part

3

MADE WITH A BOARD
LIKE ARRANGEMENT CARDBOARD HANDLOOM

アレンジいた織り機で作る

最初に登場したベーシックいた織り機との最大の違いは
平面ではなく、立体の織り地が作れること。
織りあがって織り機からはずすと、もう袋状に織れている…つまり、
織り地を縫って形に仕立てる作業を、全部省略できちゃう!
どんなデザインのアイテムが作れるか、まずはじっくりごらんください。

PETANCO BAG

麻ひものぺたんこバッグ

板状の織り機にたて糸の麻ひもを巻いたら
あとはひたすらクルクル織るだけ。
アクセントに加えたステッチも
織り目をなぞって刺せばOK！

▶ 材料と作り方は **109** ページ

COMBINATION PETANCO BAG

麻ひも&裂き布のぺたんこバッグ

こちらは、バッグの底部分を裂き織りにして変化をつけた
個性派仕上げ。片側だけ、あえてヒラリと布端を残した
三つ編みの持ち手も、チャームポイントです。

▶ 材料と作り方は **110** ページ

CUSHION COVER

クッションカバー

織り地が袋状にできあがる"袋織り"で作るので
あとは1カ所、とじるボタンをつけるだけで完成します。
少し変化をつけたかったので、ウールのフラノ地をテープ状にして
同系色の毛糸と一緒に織り込んでみました。
こんな異素材同士の組み合わせができるのも、ダンボール織りならでは。

▶ 材料と作り方は **111** ページ

CLUTCH BAG

クラッチバッグ

一見大変そうなクラッチバッグだって、作れます。
ポイントは、織り目がほとんど目立たないファンシーヤーンで
気持ち詰め気味に織ること。もうひと手間かけ、
仕上げに飾り糸を数本ステッチしてアクセントを効かせたら、
さらに素敵に仕上がりますよ。

◆ 材料と作り方は **114〜115** ページ

きんちゃくとカードケース

同じ布なのに、テープ状にして織るとまったく違う模様になったり
イマイチの布が、とっても素敵に変身したり…。
裂き織りは、そんな予想外の展開を体験できるのが魅力です。
そんな楽しさを味わいつつ、手軽にラクラク完成してしまうのが
ごらんのきんちゃくやカードケース。
ひとつ作ると結構はまって、どんどん作りたくなるかも。

▶ 材料と作り方は 112〜113 ページ

Drawstring purse & card case

Part

4

MADE WITH A BOX
LIKE CARDBOARD HANDLOOM

はこ織り機で作る

はこをそのまま織り機として使う「はこ織り機」も
アレンジいた織り機と同様、立体的な織り地が得意分野。
箱の使い方次第で、筒状に織りあがるもの、マチつきの袋状に織りあがるものと
まったく違った２つの織り地を作ることができます。
バッグはもちろん、スヌード、レッグウォーマーから
ぼうし、おうちこものに至るまで、"とっておき"をたくさん揃えました。

POT & CUP WARMER

ポット＆カップウォーマー

筒状に織り、一方の端をたたんで縫いとめればポットウォーマーに。
カップウォーマーも、ゴムで一方の端を縫い縮めるだけ…と、
思いのほか簡単。手にしていると、毛糸の優しい肌ざわりを通して
ほんわかとぬくもりが伝わってきて…いやされます。

▶ 材料と作り方は **116 ～ 117** ページ

スヌード

よこ糸に雰囲気の違う4種類の毛糸を使い、代わる代わる登場するように織って、
使い方次第で、いろんな表情が作れるようにデザインしました。
クルッと2重巻きにしたり、長いまま、かけて使ったり
半分に折ってピンで留めたり…と、気分に合わせて、いろんなアレンジを楽しんで。

▶ 材料と作り方は **118** ページ

SNOOD

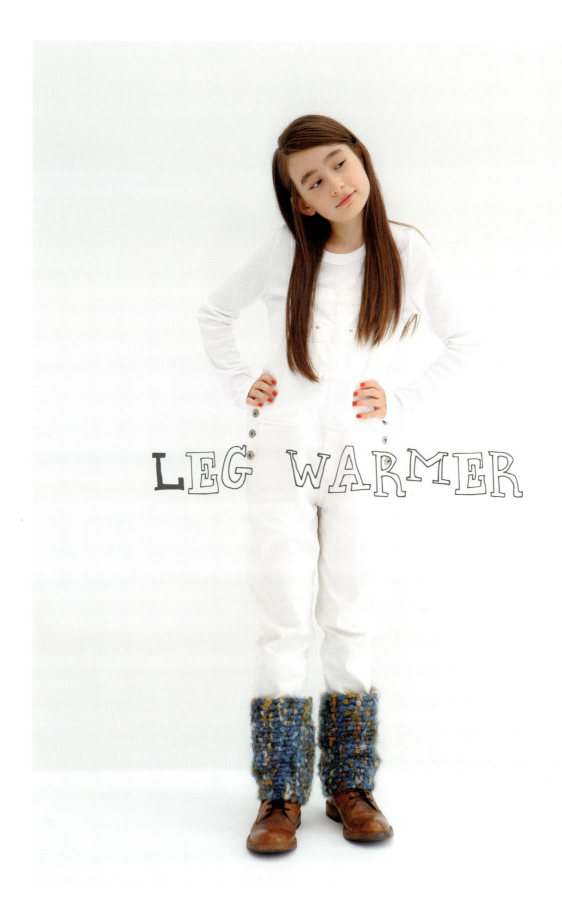

レッグウォーマー

レッグウォーマーも、"はこ織り"の得意分野。
パンツスタイルならこんな風に極太の毛糸をたて糸に使って
ボリュームのあるデザインに。タイツ＆スカートなら
繊細な毛糸を組み合わせてガーリーに…と
スタイルに合わせていろいろ作り、付け替えて楽しんで。

▶ 材料と作り方は **120** ページ

ぽんぽんぼうし

めんどうな減らし目は一切不要！　筒状に織ったら
一方の端をしぼるだけで、キュートなぼうしができあがります。
ぽんぽんはきれいに切り揃えず、"モサモサ感"を残したほうがかわいい。
大きさは、好みでアレンジしてどうぞ。

▶ 材料と作り方は **119** ページ

PONG PONG CAP

TOTE BAG

リネンの裂き織りトートバッグ

素朴でナチュラルな風合いのあるリネン地は
裂き織りにするとさらに深みと陰影が加わって、素敵に。
織り地を作って、さらにバッグに仕立てて…となると大変ですが
織りながら、マチつきの袋型に仕上げていく"はこ織り"なら、作業もスムーズ。
私は、大好きなロイヤルブルーに黒を合わせて作ってみました。

▶ 材料と作り方は **120 ～ 121** ページ

Cube bag

ウールのキューブバッグ

今度は、赤と白の極太ロービングヤーンを
たてよこ交互に織り込んで、キュートなショルダーバッグに。
たて糸の始末で出た白の毛糸の端も、しっかり再利用。
集めてぽんぽんを作り、デザインのアクセントにどうぞ。

▶ 材料と作り方は **122** ページ

Part 5

LET'S MAKE AND WEAVE A CARDBOARD HANDLOOM

織り機を作って織ってみましょう！

いろんなアイテムを目にして、気になったものは見つかりましたか？
そんな"お気に入り"から挑戦するも良し。
まずは、シンプルな織り機で、基本をしっかりマスターするも良し。
本書で使ったダンボール織り機全9種類の仕組みや作り方、織り方はすべて
ここからご紹介するページに、たっぷり詰まっています。
あとは、ページをめくるだけ。
さあ、さっそくはじめましょう！

ダンボール織りに必要な道具たち

思い立ったら、まずは道具集めからスタート。
本書に登場するダンボール織りの作業で必要な道具をまとめました。

A B 編み棒（そうこうa）と定規（そうこうb）

"そうこう"とは、よこ糸を通すとき、たて糸を交互に一本一本ひろう手間を省くための用具。糸をすくいあげる編み棒（そうこうa）と、織機とたて糸の間に常にはさんでおく定規（そうこうb）で一対。丸いた織機以外のすべての織機で使います。定規は織り幅のサイズを確認するときにも使います。編み棒は、なければお菜箸でもOK。織機の種類やサイズによっては、定規を使わず編み棒だけを数本使って作業する場合もあります。

C フォーク

織り目を詰めたり整えたりするときに使います。糸を傷つけない木製がおすすめ。プラスチックや金属製を使う場合は、先端部分が丸いものを選びましょう。

D とじ針

おもに、いた織りやはこ織りでよこ糸を織るときに使うほか、ダンボール織り全般で糸の始末に使います。毛糸や裂き布用には針穴が大きめのものを、細めの糸には針穴が小さめのものを…と、何本かそろえておくと便利です。

4種のとじ針がセットになったCHIBI／クロバー

E 織り針

テーブル織りやはこ織りなどで幅の広い作品を織るときは、長めの織り針があると便利。一度にたくさんのたて糸をすくえるので、手早く効率よく作業できます（写真はDARUMAのもの）。

F かぎ針

ダンボール織りでは仕上げの作業で活躍。たて糸とよこ糸端を始末する際、引き抜いて織り地の裏側に出したり、織り目の間を通したりするのに使います。7～9号くらいのサイズが、どんな太さの糸にも使いやすくおすすめ。

G シャトル

よこ糸を巻きつけて、たて糸の間を通す道具。おもにテーブル織機で使います。各メーカーからさまざまな長さのものが販売されているので、作るアイテムのサイズや織り幅に合わせて使い分けを。最初にひとつ選ぶなら、長さ25～30cmくらいのものがいいでしょう（写真はクロバー（右）、AVRIL（左）のもの）。

H 幅紙

フリンジに必要なたて糸の端の長さをとっておくと同時に、織りはじめと終わりのガイドライン（目安）となる厚紙のこと。織機と同じ幅を目安に、好みのフリンジの長さ（5～8cm）に合わせて厚紙をカットし、用意します。

I マスキングテープ

たて糸の端を織機に貼っておいたり、いた織りやテーブル織りの際、切り込みからはずれやすいたて糸を押さえておいたり、糸以外の素材（リボンや革ひもなど）をたて糸に使う際、織機に固定しておくのにも使います。粘着が弱いのではがしやすく、糸がベタつく心配もありません。

J 養生テープ

テーブル織機を使う際、作業中に織機がずれたり動いたりしないよう、貼って固定するのに使います。布のガムテープは天板にのり跡やべた付きが残りやすいので避けて。

> こちらも、お忘れなく

その他の道具と必須アイテム

竹串とクリップ

ダンボールに直接たて糸をかけて織る、アレンジ版のいた織機の際に欠かせないのがこの2つ。クリップは、織機と端のたて糸にはさみ、糸がはずれないようガードするのに重宝。竹串は、織機上部のたて糸に交互に通しておくと、たて糸がゆるまず安定して、織りの作業がスムーズになります。

布補修ボンド

ペースト状なので液だれがなく、自然乾燥もアイロン接着もOK。フリンジの始末や糸端を押さえるときには、こちらを。細ノズルつきとチューブ状の2タイプがあります。洗濯も可能／クロバー

貼り仕事

アイロンの熱で強力接着できるボンド（アイロンなしでも使用可能）。裂き布を貼りつなげるときや、糸の結び目のほつれどめなどに。こちらも洗濯OK／クロバー

ボンドは布用を使い分けて

HOW TO CHOOSE CARDBOARD

織り機に使うダンボールの選び方

道具をチェックしたら、次は織り機を作るダンボール選び。
織り機の種類によって、選び方に少しコツがあるので、
作る前にチェックしておきましょう。

ダンボールの形をチェック！

ドリンクや食品、事務用のものをはじめ、ふだんごく普通に見かけるダンボールはほとんどが使えます。板状にカットして仕立てる織り機については、作りたいサイズがカットできれば元の姿がどんな形でもOK。ただ、薄くて手で押すだけですぐ曲がるようなものは、織り機にしても壊れやすいので避けましょう。箱の形を生かして仕立てる織り機については、ちょっとした注意が必要です。テーブルに貼って使う"テーブル織り機"（67ページ）を作る際は、上下に閉じるフタがついた箱状のダンボールを。いちばんよくあるタイプの箱です。箱の形をしていても、フタが上部だけのものや、フタの形が不定型なものは、使えないので注意しましょう。また、リンゴやミカンの箱など、厚みがあって丈夫すぎるものは硬すぎてテーブル織り機に加工しづらいので避けて。箱をそのまま織り機に利用する"はこ織り"（82ページ）の場合は、サイズが合えば、フタや底部分などはどんな形状でもOKです。

どんな織り機にも
OK！

織り機によっては
NG！

ダンボールの筋をチェック！

ダンボールの表面には、薄い筋が何本も入っています。そしてダンボールによって、その筋の幅もさまざま違いがあるのをご存知ですか？　ダンボール織り機のなかでも、基本のいた織り機（57ページ）とテーブル織り機（67ページ）は、この筋を利用して加工するため、どの筋幅のものを利用するかで、使いやすさが変わってきます。現在、市場に出回っているダンボールの筋幅は、大きく分けると右の4種類。上記の織り機を作るときは、それぞれの特徴をふまえつつチェックして、ベストな筋幅のものを選びましょう。
（上記以外の織り機は、筋を気にせず選んで作っても大丈夫です）

A 筋内側の幅が8〜9mmのもの。
いちばんよく見かけるポピュラーなタイプです。毛糸の作品を作るとき全般に使えますが、特に超極太の毛糸を使うときや、たて糸に太めの糸を何本も合わせて使うときは、この幅で作った織り機を。

B 筋内側の幅が7〜8mmのもの。
2リットルのペットボトルのダンボールなどは、このタイプ。最近どんどん増えています。こちらも毛糸の作品全般に使えますが、同時に、春夏の糸を何本も合わせてストールにしたり、裂き布で幅広いマットなどを作るときにも、作業しやすい織り機ができます。

C 筋の内側の幅が5〜6mmのもの。
ネットで購入した書籍やDVDなどの梱包として、また海外製品を購入したときなどにも、この幅のダンボールをよく見かけます。麻ひもや綿などの細めの糸、裂き布を使うときには、この幅がベスト。ただ、この筋幅のダンボールは、比較的薄手でサイズも小さめのものが多いので、コースターやきんちゃくなど小さなアイテム向きといえます。

D 筋がほとんど見えないタイプ。
筋がないぶん、定規で等間隔に印をつけて加工する必要があるため少し面倒にはなりますが、素材としてはもちろん使えます。

それでは、
はじめましょう！

LESSON 1

××××××× ベーシックいた織り機 ×××××××

最初に登場するのは、板状にカットしたダンボールを使った
いちばんオーソドックスな織り機たち。
使う素材、織りたい形に合わせて選べる3種類が登場します。

基本のいた織り機

まずは、いちばんシンプルな基本のいた織り機からはじめましょう！

織り機を作るときは・・・

よこ（織り幅）
作りたいものの幅に3cm～を足したサイズが目安。

たて（長さ）
織り地の仕上がりの長さに両端のたて糸（フリンジ始末分）を足した長さが、
織り機のたてのサイズになります。
何cm足すかはフリンジの仕上げ方で変わりますが、
最低10～15cmくらいとっておけばいろいろアレンジできます。
（織り地が長さ20cm以上になる場合は、
織り機からはずしたときに縮むぶんも合わせ、
さらに3～5cm足したサイズで作ります）
作りたいものに合わせて1枚ずつ作ってもいいし
大きめに1枚作って、いろんなアイテムづくりに
使い回してもOKです。

●材料と道具

布ガムテープ／定規／ダンボール／カッター／ペンや鉛筆

織り機の作り方

1 ダンボールは作りたい織り機のサイズに、筋がたて方向になるようにカットし、上下の端を軽くつぶしておく。

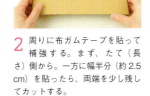

2 周りに布ガムテープを貼って補強する。まず、たて（長さ）側から。一方に幅半分（約2.5cm）を貼ったら、両端を少し残してカットする。

3 テープを折り返してもう一方にも貼ったら、端をハサミで切り落とす。

4 よこ（織り幅）側にも同様にガムテープを貼る。

5 端をハサミで切り落としたら、ベースは完成。ちなみに、作っているサイズは幅15×長さ25cm（コースター用）。

6 テープを貼った上下の織り幅部分に、ダンボールの筋に沿ってペンで印をつける。

7 カッターで約1.5cmの深さに切り込みを入れる。上下とも切り込みを入れたら、できあがり！

point!

織り機を使いはじめる前に、切り込み部分を手で軽くもみほぐしておくと、たて糸がかかりやすくなる。

LESSON1 ベーシックいた織り機

基本の織り方

57ページで作ったいた織り機でコースターを作りながら織りの基本の作業をマスターしましょう。

たて糸をかけます

1 織り機の上の切り込みに、糸端3cmほど残してたて糸をかける。織りたい幅がとれれば、どの切り込みからかけはじめてもOK。

2 下の切り込みに糸をかける。このとき必ず、上と同じ位置の切り込みにかけて。このたて糸1本で1目と数える。

3 続けて、となりの切り込みに糸をかけ、糸を張って再び上側の切り込みにかける。

4 1〜3の作業を繰り返して、どんどんかけていく。

5 たて糸は、希望の織り幅より少し（1〜1.5cm）多めにかけて。ここでは幅10cmのコースターを作るので、たて糸は11cm分になるようにセット。

そうこうをセットします

6 そうこうb（定規）を1、3、5…とたて糸の奇数の目をひろいながらくぐらせる。

7 最後までくぐらせたら、織りあがるまで入れたままにする。作業に応じて手前に引き寄せたり戻したり、持ち上げたりと、移動させて使う。幅紙も、たて糸をすべて上にしてセット。

よこ糸を通して織ります

8 とじ針によこ糸を通し、そうこうbを持ち上げて、その下を通す。とじ針に通すよこ糸は長すぎると織りづらいので、最初は1〜2mにカットして使う。慣れてきたら長さを増やすといい。

9 よこ糸を引き寄せて、幅紙のラインに合わせる。これで1段。よこ糸の端は5cmくらいを目安に残しておく。フリンジをつけない場合は織り機の切り込み位置から織りはじめる（61ページ参照）。

10 今度はとじ針で2、4、6…と偶数の目をひろってよこ糸をくぐらせる。

11 よこ糸を通すときは必ず、端のたて糸とよこ糸の接点を指で押さえながら。斜め上から手前に引き寄せるようにするとよこ糸がきつくならずに通せる。このとき糸を引っぱりすぎると織り幅が狭くなってしまうので気をつけて。

12 ある程度手前に引き寄せたら、フォークで下に下げながら、織り目を整える。これで2段織れた。

ベーシックいた織り機 **LESSON1**

13 再び、そうこうbを持ち上げてよこ糸をくぐらせる。これを繰り返して織りすすめる。

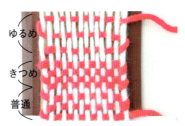

14 織り目は5mm～1cm間隔を目安に好みで調節して。きつめに織りたいときは、フォークでしっかり目を詰めながら。ゆるめに織りたいときはよこ糸の間隔をあけて織る。

15 好みの長さに織りあがったら（ここでは10cm）、糸端を織り込んで始末する。糸端を、いちばん最後の段とひとつ手前の段の間に、手前の段と同じたて糸のすくい方で通す。

16 糸端は、たて糸5～6本くらい通しておく。織りはじめも織り終わりと同様に糸端を通す。

17 残った糸端はハサミでカットする。このとき、糸を少し寝かせてカットするのがコツ。カットした断面が斜めになり、織り地となじんで目立ちづらくなる。

できあがり！

織り機からはずし、
たて糸を始末したらできあがり！

始末の仕方は次ページへ

織るときのポイント

途中で糸をつぎ足すときは

新しいよこ糸を、前の糸の5cmほど手前から通し、継ぎ目を重ねて織る。両方の糸端は、仕上げのときにカットして。

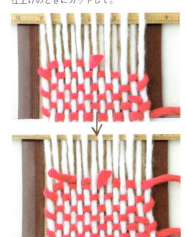

よこ糸の色を変えるときは

まず前の糸の糸端を、織り終わりのときと同様に織り込んで始末。始末したほうとは逆の端から、違う糸で再び織りはじめる。糸端は、2段目を織るときに一緒に織り込んでおく。

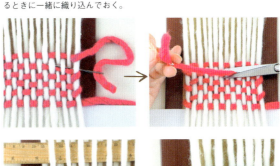
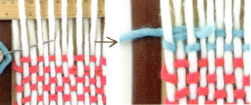

59

LESSON 1 ベーシックいた織り機

たて糸の始末いろいろ

たて糸の始末は、フリンジのデザインを決める大事な作業。
ここでは、簡単にできて見た目もマル！の3種類の方法をご紹介します。
好みやアイテムに合わせ、使い分けて楽しんでくださいね。

🔴 シンプルフリンジ

1 たて糸を切り込みから1本ずつはずしながら、まずたて糸がよこ糸の上になっている目からとめていく。たて糸を軽く持ち上げ、たて糸と交差しているよこ糸側にボンドをつける。

2 持ち上げたたて糸を戻し、ボンドをつけた部分を指で押さえてしっかり接着する。

3 織り地をクルッと裏返して、1〜2で接着できなかった反対側のたて糸も同様にボンドをつけて押さえる。

4 ボンドが乾いたら、糸先のわになっている部分を切り離し、手で軽く糸をしごいて、カットしやすいようまっすぐきれいに整える。

5 好みの長さに切りそろえる。長さが揃うか心配な場合は、定規をあてながらまっすぐにカットして。

🔴 玉どめフリンジ

1 玉どめの場合は、他の2種類よりもたて糸の長さが必要。希望のフリンジの最低1.4倍以上を目安に長さを決め、その長さのところに幅紙をセットして織りはじめる。

2 織りあがったら、たて糸を1目ずつはずしながら、2目1組で玉結びしていく。結び目はゆるまないようにしっかりと。

3 たて糸を引っぱりすぎると織り地がつれてしまうので注意。たて糸が奇数で最後に3本残った場合は、3本一緒に結ぶか、1本を半分に割って4本にし、2本ずつ結ぶ。

4 糸端を好みの長さに切りそろえたら、できあがり。

＊この60〜61ページの3種類のたて糸の始末方法はすべての織り機で共通です。

ベーシックいた織り機 **LESSON1**

詰め仕上げ

1 たて糸をセットした際、糸端は外に出したままにせず、ひとつ手前の切り込みにかける。

2 続けて、かけた目のたて糸に巻きつけるようにして、からませる。

3 からませた糸がはずれやすいときは、ボンドをつけてとめておく。

4 もう片側のたて糸の端も同様に。この状態で織りはじめる。

5 織る際は、切り込みギリギリのところから織りはじめる。よこ糸の端は2段目を織ったとき、2段目と同じすくい方で通しておく。

6 最初の3～4段は、織り目をきつめに織っておく。織り終わりも同様に。

7 織り機からはずしたら、織り地の上側を手で押さえ、よこ糸をフォークでたぐってたて糸の端まで寄せながら、織り目が均一になるように整える。

次は裂き布用の織り機が登場します！

TIPS 詰め仕上げの作品を好きなサイズに作りたいときは・・・

作りたいサイズに合わせた織り機を作り、それを使って織ればOK。織り機を作る際は、たて（長さ）、よこ（織り幅）とも完成サイズ＋1cmを目安に作りましょう。よこは少し幅を広めにして作っておくと、いろんなアイテム作りに使えて重宝しますよ。

12、15ページに登場した左や上のコースターは、右の織り機（幅12～×長さ11cm）で作ったもの。

希望完成サイズ＋1cm

希望完成サイズ＋1cm以上

LESSON1 ベーシックいた織り機

裂き布・細糸用 いた織り機

デザインは基本のいた織り機と同じですが
筋幅が狭いダンボールを使って作るところがポイント。
切り込みの間隔が狭くなるため、裂き布や細い糸もグンと織りやすく
織り目も整えやすいので、見た目もきれいに仕上がります。

check!

織り機を作るときは…

必要な材料と道具、作り方も、よこ（織り幅）、たて（長さ）のサイズの出し方も基本のいた織り機と同じ。左の織り機も、基本のものと同じくコースター用（幅15cm×長さ25cm）です。唯一違っているのが、切り込み部分。ダンボールの筋幅が5〜6mmと狭いダンボールを使って作るだけで裂き布や細糸用の織り機になります。

よこ糸用の裂き布について

裂き布といっても、手で裂いてしまうと糸くずがたくさんでてしまい、布によっては均等な幅に避けないものも多々。そこで本書では、ハサミでカットする方法をとっています。布の厚みによって1〜1.5cmの幅にカット。長すぎると織りづらいので、長さは60cm〜1mにカットし、織りながらボンドでつなげて作業します。

基本の織り方

織りはじめやよこ糸の整え方に、基本の織り機とは違うコツがあります。
裂き布でコースターを作りながら、チェックしましょう。

たて糸をかけます

1 織り機の上の切り込みに、糸端3cmほど残してたて糸をかけたら、基本の織り機と同様に、上下上…と交互にかけていく。

2 たて糸は、希望の織り幅より1.5〜2cm多めにかける。ここでは幅10cmのコースターを作るので、たて糸は11.5〜12cmになるようにセット。

3 1、3、5…とたて糸の奇数の目をひろって、そうこうbをくぐらせたら、幅紙も、たて糸をすべて上にしてセットする。

捨て織りをします

4 使用糸とは違う伸びない糸（写真は別の色の麻ひも）を使い、幅紙の上から糸を通して織る。

5 3段織ったら織り幅全体を狭くすると同時に、実際に使用するよこ糸の細さに合わせ、フォークでたて糸の間隔を詰めて整える。これを"捨て織り"という。

6 希望の織り幅（10cm）まで間隔を詰めたところ。このひと手間で細い糸も織りやすく、よこ糸に裂き布を使う際にも織りはじめから織り目がしっかりと詰められ、安定しやすくなる。

ベーシックいた織り機 **LESSON 1**

裂き布を通して織ります

裂き布は引っぱらない！

7 作業中、裂き布が針穴から抜けやすいので、通したら軽く結んでおくといい。

8 基本のいた織りと同様、よこ糸(裂き布)をたて糸の間に交互に通して織る。折り返すときは端のたて糸との交差部分をしっかり指で押さえて。このとき、よこ糸(裂き布)を引っぱってしまうと、織りすすめるうちにどんどん織り地が縮んでしまうので注意！端を指で押さえたら、よこ糸(裂き布)には触らず、フォークでたぐり寄せるようにして詰める。織り目上の布が多少浮いて余っているくらいでOK。

9 織り目は1段ごとではなく、2〜3段織ってまとめて詰めたほうがしっかりと詰まる。そのとき、たて糸全体を手のひらで押さえながら行うのがポイント。

10 通した裂き布がよれているときは、両側から持ち、裂き布を回しながら向きを一定に整えて織る。

11 よりがなおったところ。表裏がある布地の場合は、よりを直しながら、常に同じ面が表になるようにそろえながら織りすすめる。

12 裂き布をつぎ足すときは、布端1cmくらいのところに布用ボンドを塗り、次の布と貼り合わせる。即座にしっかりつけたいときは、サッとアイロンを当てて貼り合わせて。

13 織りあがったら、裂き布の端を織り込んで始末する。布端を、いちばん最後の段とひとつ手前の段の間に、手前の段と同じすくい方で通す。

14 織りはじめも同様に織り込み、余分な布端をハサミでカットしたら、捨て織りの糸をはずす。

15 織り地はこれで、完成。よこ糸(裂き布)を引っぱらず、適度なゆるみをつけつつ織りすすめれば、しっかり織り目を詰めても均等な幅に織りあがる。

16 裂き布の場合、たて糸の始末は玉どめフリンジがおすすめ。たて糸をそのつどはずしながら、2目一緒に結んでいき、糸端をカットして仕上げる。

できあがり！

LESSON1 ベーシックいた織り機

丸いた織り機

特徴は、織り機の周囲にグルリと切り込みを入れてあること。
これで、円形のコースターや鍋敷きなど丸い形のものを織ることができます。
上下2辺の切り込みだけを使えば、長方形や正方形を織るときにも使えます。

よこ（幅）
たて（長さ）
織り機は正方形

この織り機は、一辺22cm。
直径11cmの丸型が織れます。

織り機を作るときは…

正方形の一辺の長さを出し、ダンボールをカットします。
一辺の長さは
1，織り地の希望の仕上がりサイズ（直径）
2，端のたて糸（フリンジ始末）分
3，織り機からはずしたときの縮み分
この3つの長さを足したもの。
(2と3の合計は、12〜14cmが目安)
カットソー、ニット地など、伸縮性の強いものを織るときは、織り機からはずしたときに縮む分をさらに4〜6cm足して計算しましょう。

> **作り方のポイント**
> 必要な材料と道具、基本の作り方は、基本のいた織り機と同じです。違いは、ダンボールを正方形にカットすることと、周囲にグルリと切り込みを入れること。ダンボールの筋の向きが違う側面（左右）は、別のダンボールを定規がわりにして等間隔に印をつけ、切り込みを入れるとラクに作業できます。

丸型の織り方

コースターを作りながら、
基本の織り方をチェックしてみましょう。

たて糸をかけます

1 糸端を3cmほど残し、角から2目めの切り込み①に糸をかける。四隅どの角からはじめても大丈夫。

2 ①の対角線上に向かって糸を張り、切り込み②（こちらも角から2目め）に糸をかける。

3 続いて切り込み③（②と反対側の2目め）に糸をかけ、対角線上に糸を張って、切り込み④（①と反対側の2目め）に糸をかける。

4 今度は④の2目となりの切り込みに糸をかけ、また対角線上に糸をのばして③の2目となりに糸をかける。これを繰り返し、対角線上にどんどん糸をかけていく。

ベーシックいた織り機 **LESSON 1**

5 これで半分かけた状態。糸をかけながら、交差部分がだいたい真ん中にくるように整えながら作業を。たて糸が太いと真ん中が盛り上がり過ぎてしまうので、慣れるまでは細めの糸がおすすめ。

6 ひと回りしてすべての切り込みに糸がかかると、たて糸が放射線状になる。糸端を3cmほど残してカットし、目を数えて偶数になっていることを確認して。

7 たて糸が偶数だと円形を織ることができないので、ここで奇数になるように調節。どこか1カ所だけ（どこでもOK）たて糸を2本まとめ、目立つ色の糸で束ねておく。これで目は奇数になった。

よこ糸を通して織ります

8 とじ針によこ糸を通したら、下→上→下と交互にたて糸をすくいながらたて糸の間を通していく。7でまとめたたて糸から織りはじめるとわかりやすい。よこ糸は長いと作業しづらいので最初は1〜2mにカットして、慣れてきたら長さを増やすといい。糸のつぎ足し方は基本のいた織り機と同じ。

9 一度にたくさんのたて糸をすくってしまうとよこ糸を通しづらいので、4分の1くらいずつとじ針ですくい、そのつどよこ糸を通しながら、中心に向かって引き寄せる。

10 織りはじめのたて糸までもどってきたら、必ず織りはじめのよこ糸2本をチェック！ たて糸に交互にかかっていればOK。そうでない場合はどこかすくい方が違っているので、確認して。

11 よこ糸をしっかり引っぱって、たて糸の中心に巻きつける。これで1周（1段）。よこ糸の幅は5〜8cmほど出しておく。

12 最初の数周（数段）はよこ糸をしっかり引っぱってたて糸に巻きつけ、フォークで詰めて。あとは6〜10針ずつを目安にたて糸をすくってよこ糸を通し、糸を適度に引きながら円状に織っていく。

13 織り地は、たて糸を始末して仕上げると少し小さくなるので、希望のサイズより1〜2段多めに織っておく。これで織りあがり！

14 よこ糸を始末する。いちばん最後の段とひとつ手前の段の間に、手前の段と同じたて糸のすくい方で通す。

15 5目くらい通したら余分をカットする。

16 そのとき、毛糸を斜めに倒して糸の断面が斜めになるようにカットすると、糸端が目立ちづらく見た目がきれいに仕上がる。

次ページに続きます

LESSON1 ベーシックいた織り機

たて糸を始末します

16 織り機からたて糸をはずしながら、2本1組で玉結びしていく。

17 これで半分、結んだところ。結ぶときにたて糸を引っぱりすぎると織り地がつれてしまうので気をつけて。

18 全部結び終えたら、フリンジの端を好みの長さに切りそろえる。

仕上げます

表

19 とじ針に織りはじめのよこ糸を通して裏側に糸を出す。

裏

20 たて糸を数目すくって糸を通してから、余分をカットする。

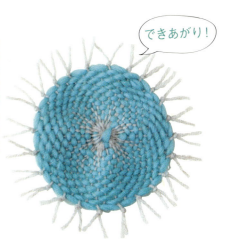

できあがり！

TIPS 詰め丸いた織り機の作り方

フリンジなしの丸型を織りたいときは、コレで

1 ダンボールにコンパスで希望の仕上げサイズ(写真は直径11cmのコースター用)の円を描く。

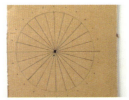

2 分度器で円を等分し、1に対角線を引く。何等分するかは作る織り機（円）の大きさによるが、写真（直径11cm）の場合は30度ずつ印をつけて円周を24等分し、対角線を12本引く。

3 布ガムテープの両端に、中心に向かって2cmほどの切り込みを入れる。切り込みの間隔も2cmくらいを目安に。

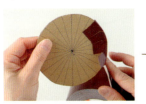

4 2を輪郭に沿って丸くカットし、3を貼る。テープの中心が円の縁に来るように当てながら、表裏両側に貼っていく。

5 4の円周の縁に、ちょうど対角線の延長上にくる位置にグルッとペンで印をつけたら、カッターで切り込みを入れる。

できあがり！

織り方は正方形の場合と同じ。たて糸の始末は、詰め仕上げ（61ページ）で。12、14ページのコースターはこのタイプの織り機で作ったもの。

LESSON 2
××××××× テーブル織り機 ×××××××

2枚のダンボールとおうちのテーブルが合体することでできあがる
ちょっとユニークな織り機。ひとつあれば、作りたいものに合わせて
幅や長さがどんどん変えられます。

← よこ（織り幅）→

ダンボールの筋方向

この2枚をテーブルに
固定すれば即、織り機に！

織り機を作るときは・・・

織り機に使ったダンボールの幅（端2cmは差し引く）以内のものであれば
織り幅は作りたいアイテムに合わせて、自由に変えられます。
つまり、少し幅広めに作っておけば、
ひとつでよりたくさんのアイテムが作れる織り機に！

ちょうどよい幅のダンボールがない場合は
織り幅が足りないときは、別のダンボール
でもう1枚作り、横に2枚つなげて使っ
てください。

● 材料と道具

ダンボール箱
＊ダンボール箱は、箱の横幅どちらか
一辺が、作りたい作品のできあがりの
幅より2cm以上あるものを用意します。

布ガムテープ
手芸用（または木工用）ボンド
カッター
定規
ペンや鉛筆

織り機の作り方

1 ダンボール箱を上下のフタ（折り返し）部分をつけたまま、折り目に沿って縦4つにカットする。4枚のうち、同じ幅のものを2枚使う。

2 どちらか一方のフタを折り、2重になった部分をボンドで貼り合わせる。フタが長くて箱本体からはみ出してしまう場合は箱に合わせてカットしてから貼る。

3 フタを貼ったら、折り返した部分の端を手のひらで押してつぶしておく。つぶす幅は、端から3cmくらいを目安に。

4 3でつぶした部分の両面に、布ガムテープを貼る。まずどちらか一方に、テープの幅半分（幅2.5cmくらい）を貼ったら、両端をそれぞれ2cmほど残してカット。

5 両端に残したテープは、切り込みを入れて反対側にクルッと回して貼ると、角がきれいに仕上がる。

6 もう一方にもテープ（残しておいた幅半分）を貼る。テープの両端は反対側に回して貼っておく。

7 ガムテープの上から、ダンボールの筋にそってペンで印をつける。

8 印をつけたところに、カッターで約1.5cmの深さ（刃が2/3入るくらいが目安）に切り込みを入れていく。写真のようにダンボールを立てると切りやすい。同じものを2枚作れば完成。

 **LESSON2** テーブル織り機

基本の織り方　マフラーを織りながら、手順をチェックしましょう。

まずは、織りはじめる前の準備から～テーブルにセットします

A 織り機の切れ込みが入ったほうをテーブル手前の端に、織り機とテーブルの角もきちっと合わせてまっすぐに置く。

B 位置が決まったら、養生テープを貼って固定する。テープは切り込みの反対側と左右の両側面計3カ所に。天板の端側2カ所は天板の厚み～裏までしっかり貼って固定を。

C 織り機の端から端までの長さが、できあがりの長さプラス5cmになるように間隔を開けて、もう1枚を置く。

D 2枚を平行にセットしたら、Bと同様にテーブルに固定する。向かい合った互いの切り込みがまっすぐ揃っているかどうかもチェックして。

E 織り機をセットしたら、よこ糸をシャトルに巻きつけて準備完了。

TIPS

テーブルの長さが足りないときは、フタの折り返し部分をテーブルの端に合わせて固定すると、少し長く使えます。それでも足りないときは、床に固定して作業を。

シャトルは手作りすることもできます。作る場合は、113ページの作り方を参考に。

テーブル織り機 **LESSON2**

ここから織りスタート！〜たて糸をかけます

1 一方の織り機の切り込みに、糸端を3cmほど残してたて糸をかける（2本どり以上の場合も、糸はまとめて同じ切り込みにかける）。織りたい幅がとれれば、どの切り込みからかけはじめてもOK。

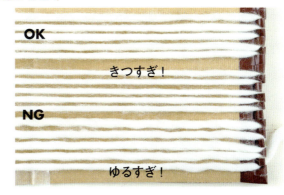

3 1、2を繰り返して、織りたい幅に必要な目の数だけかける。糸がゆるいと作業しづらく、きつすぎると織り機からはずしたときに縮みすぎてしまうので、適度に張った状態（写真上）にかけて。

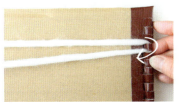

2 反対側の織り機の同じ位置の切り込みに（端から4つめにかけたら、反対側も必ず4つめに）糸をかける。このたて糸1本で1目と数える。続けて、となりの切り込みに糸をかけ、糸を張って反対側の織り機の切り込みにかける。

4 適度に張った状態。たて糸は、希望の織り上がりの幅より少し多め（使用糸によっても変わるが、基本はプラス1cm）にかけておく。糸端は3cmほど残してカット。

そうこうをセットします

5 そうこうb（定規）を、1、3、5…とたて糸の奇数の目をひろいながらくぐらせる。

6 最後までくぐらせたら、織りあがるまで入れたままにする。作業に応じて手前に引き寄せたり戻したり、持ち上げたりと、移動させて使う。続けて幅紙もセットして。

よこ糸を通して織ります

7 そうこうbを持ち上げて、その下によこ糸を巻いたシャトルを通す。

8 よこ糸を引き寄せて、幅紙のラインに合わせる。これで1段。よこ糸の端は10cmくらいを目安に残しておく。フリンジをつけない場合は織り機の切り込み位置から織りはじめる（61ページ参照）。

9 今度はそうこうa（編み棒）を使い、2、4、6…と偶数の目をひろってくぐらせる。

10 そうこうaを持ち上げて、その下にシャトルを通して2段目のよこ糸を通す。

次ページに続きます

69

LESSON 2 テーブル織り機

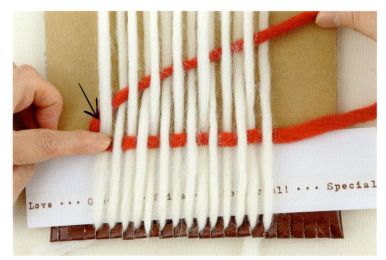

12 よこ糸を引き寄せたらフォークや指で織り目を整える。その際、最初のうちはよこ糸がダレやすいので、たて糸全体を手のひらで押さえながら詰めるといい。これで2段織れた。

これは×

11 よこ糸を通すときは必ず、端のたて糸とよこ糸の接点を指で押さえながら。斜め上から手前に引き寄せるようにするとよこ糸がきつくならずに通せる。このとき糸を引っぱりすぎると織り幅が狭くなってしまうので気をつけて。

13 そうこうaを抜き、再びそうこうbを持ち上げてシャトルを通す。よこ糸を整えたら、あとは同じ作業を繰り返し、よこ糸が均一になるように整えながら織っていく。

14 織りすすむにつれシャトルが通しづらくなってきたら、織り機の背(ダンボール箱のフタの折り返し部分)を持ち上げると通しやすくなる。

15 シャトルが通らなくなったら、よこ糸をとじ針に通しかえ、交互にたて糸をすくいながら織る。幅紙を移動させ、もう片方の端にもフリンジがとれるたて糸の長さを確保して。

16 最後の数段はそうこうbもはずし、とじ針でたて糸を交互にすくいながら織る(そうこうaが入る余裕がある場合は、こちらに変え、ギリギリまで入れて織ってもOK)。

17 織り終わったら、糸端を織り込む。糸端はいちばん最後の段とひとつ手前の段の間に、手前の段と同じたて糸のすくい方で通す。半分くらいまで通したら余分をカット。織りはじめのよこ糸も同様に作業する(終わり側と織り幅などが違っているときは、ここで微調整して)。

できあがり!

織るときのポイント

織り目は好みで調節を

織り目は5mm〜1cm間隔を目安に、好みで調節を。きつめに織りたいときは、フォークでしっかり目を詰めながら、ゆるめに織りたいときはよこ糸の間隔をあけて織る。

途中で糸をつぎ足すときは

新しいよこ糸を前の糸の5cmほど手前から通し、継ぎ目を重ねて織る。両方の糸端は仕上げのときにカットを。その際、毛糸を少し寝かせて糸の断面が斜めになるようにカットすると、糸端が目立たず見た目がきれいに（糸の色を変えるときについては59ページを参照）。

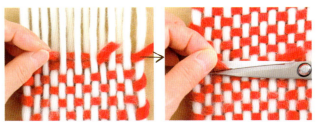

たて糸がつまりすぎたら

たて糸がつまって織り幅が狭くなってきたときは指とフォークで横に広げて微調整を。調整の後は、たて糸がまっすぐ張っているかの確認も忘れずに。

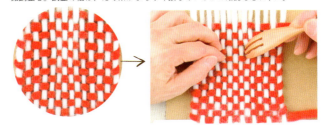

よこ糸のチェックはこうやって

よこ糸を通す方向や上下の順番が合っているか、わからなくなったときは、糸をひろったそうこうa（編み棒）とb（定規）を近づけてみて。糸が交互にかかっていたら正しいサイン。

定規はそうこう以外にも活用を

織り幅は途中で狭くなりがち。ときどきそうこうbの定規をあてて幅をチェックして。

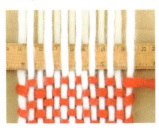
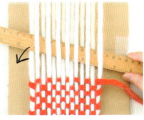

定規は、1段織りすすめるごとにトントンとよこ糸をたたいて、織り目のラインを整えるのにも便利。

次ページは、作業に便利な"手作りそうこう"のお話です

LESSON 2 テーブル織り機

手作りそうこうのすすめ

よりスピーディに
ラクに織れる！

テーブル織り機で幅広いものが織りたい。
もっと繊細な糸をたくさん使ったり、複雑な模様も織ってみたい‥‥。
そんなときにおすすめなのが、私が考えたオリジナルの"手作りそうこう"。
ちょっとヘンテコな姿ですが、これがなかなかのスグレもの。
そうこうaの編み棒がわりに、最初にたて糸にセットしておくだけで
作業がグンとラクになり、織り幅も均一になります。
どういう風に使うか、まずはチェックしてみて、気に入ったら作ってみてくださいね。

これが手作りそうこうです。

バー

糸かけひも

手作りそうこうの使い方

1 織り機にたて糸をセットしたら何本あるか数え、手作りそうこう（以下、そうこう）にかける本数を出す（たて糸全部の本数÷2）。続けて、必要本数以外の糸かけひもは、バーに巻き付けて切り込みにかけておく。

2 そうこうbの定規を奇数のたて糸にセットしたら、定規の手前で、偶数のたて糸を右端からそうこうにかけていく。まず1本目の偶数のたて糸に、そうこうの右端の糸かけひもを通して‥‥。

3 糸かけひもをそのまま上に伸ばして、バーの切り込みに引っかける。

4 続けて、糸かけひもを下に引っぱる。かけひもの先にある結び目が、切り込みに引っかかって止まるまで、しっかり引っぱって。

5 2〜4を繰り返して、すべての偶数のたて糸に糸かけひもをセットしたら準備完了。そうこうは、そうこうbの定規の手前にセットしないと使えないので、気をつけて。

6 そうこうbを使うときは、写真のようにたて糸の上にのせて作業。そうこうbをたちあげてシャトルを通し、普通通りに織る。

7 手作りそうこうを使うときは、そうこうbの定規を少し奥にずらし、バーを持ち上げる。すると、偶数のたて糸が持ち上がるので、そこにシャトルを通して織る。これを繰り返して織りすすめる。

＊作り方は115ページをチェック！

LESSON 3
××××× アレンジいた織り機 ×××××

ベーシックいた織り機と同じく板状ですが、こちらは切り込みを入れずにそのまま利用し
織りあがると同時に袋状にできあがる仕組み。
作りたいデザインによって使い分けできる、2種類の織り機をご紹介します。

くるくるフタつき袋織り機
〜フタつき袋織り〜

表→裏と織り機をくるくる回しながら織ります。
織りながら、袋だけでなくフタもつけてしまおうという欲張りタイプ。
クラッチバッグサイズくらいまで作れます。

織り機を作るときは・・・

織り地（完成品）の中に入れたいものに合わせて、フタと袋本体のサイズを出します。

よこ（織り幅）
入れたいものの幅プラス2cm以上
　＊横にマチのあるものはその分のサイズも足します。

たて（長さ）
本体・・・入れたいものの高さプラス1.5cm以上
　＊底にマチのあるものは、その分のサイズも足します。
フタ・・・希望のふたの長さ
たて糸の始末分・・・8〜10cm
上記の3つの合計が、織り機の長さのサイズになります。

> **作り方のポイント**
> 必要な材料と道具、基本の作り方は、基本のいた織り機と同じですが、違いは上下に切り込みを入れないこと。作ったら、本体やフタの織り終わり位置がわかりやすいよう、マスキングテープで目安線をつけておきましょう。

基本の織り方
裂き布を使ったカードケースを作りながら、
基本の織り方を覚えましょう。

たて糸をかけます

1 たて糸は織り機の右側からかけはじめる。まず、グルッと一周たて糸を回したら、右上端でしっかり結ぶ。

2 結び目と1本目のたて糸がはずれないよう、マスキングテープを貼ってとめておく。

（たて糸をチェック！）
表と裏の本数（目数）が同じでなく、偶数と奇数（偶数の目数プラス1目）になっていればOK

3 続けて、たて糸をグルグル回しながら、織り機に回しかけていく。糸と糸の間隔は5mmくらいを目安に。織り機ギリギリまでかけたら、今度は上ではなく左下端でしっかりと結び、糸の間隔を整える（最初と最後の結び目を上下違う場所にすることで、片面のたて糸の目数が奇数になる）。

LESSON 3 アレンジいた織り機

そうこうをセットします

4 まず織り機の一面（表）に、そうこうa（編み棒）を、たて糸の奇数目をすくいながら通す。

5 織り機を裏返して、もう一面（裏）にもそうこうaを通す。表は、そうこうがたて糸の下を通って終わっているので、こちらはたて糸の上からはじめる。

6 続けて、4と5で通したそうこうの上に、そうこうとは逆の目をすくいながら竹串を通す。これを通しておくことで、たて糸がしっかりと固定されて落ちつき、織りやすくなる。

全部きちんとセットしたら、準備完了！

7 今度は織り機にクリップをセットする。たて糸のはずれ防止用に織り機の左右下端に1個ずつとめたら、たて糸のかけはじめ（右上）もとめ、糸と織り機をはさんでおく。

よこ糸を通して本体を織ります

8 よこ糸用の裂き布をとじ針に通す。裂き布が針穴から抜けやすいので、通したら軽く結んでおくといい。

9 織り機の表側から織りはじめる、最初の1段は、左からそうこうaとは違う目を交互にすくってよこ糸（裂き布）を通す。そうこうを下におろして通すと作業しやすい。

10 布端を5cm程残して通したら、織り機の底までしっかりと詰める。この部分が本体の底になる。

11 続いて、そうこうaを持ちあげて織り機の右からよこ糸（裂き布）を通す。

12 右端のよこ糸（裂き布）を織り機の右下の角に少し引っかけるようにし、そこを指で押さえながらフォークで下までたぐり寄せる。

アレンジいた織り機 **LESSON 3**

13 織り機をクルッと裏返し、表と同様によこ糸（裂き布）を通す。これで2段目。12〜13を繰り返して織りすすめる。

14 織り目は1段ごとより、2〜3段織るごとにまとめて詰めたほうがしっかりと詰まる。そのときは必ず、たて糸全体を手のひらで押さえながら行うのがポイント。

15 織りはじめ数段の間は、底も何度かチェック。織り機のダンボールが少しでも見えていると、底部分の織り地にすき間ができてしまうので、気をつけて。底と同様、織り機の表裏の境目（左右両端）もすき間ができやすいので注意し、織り目をしっかり詰めて。

16 よこ糸（裂き布）のよりを直しながら、また、足りなくなったらそのつどつぎ足しながら織りすすめる（63ページ参照）。袋口の目安ラインまで織りあがったら、袋本体は完成。

17 布端を織り込んで始末する。まず、いちばん最後の段とひとつ手前の段の間に、ひとつ手前の段と同じたて糸のすくい方で5〜6目通す。

18 通したら、フォークで詰めて織り目を整え、余分をハサミでカットする。本体とフタ部分のよこ糸（裂き布）の色を変えない場合は、ここで糸端を始末せず、続けて織りすすんでOK。

フタ部分を織ります

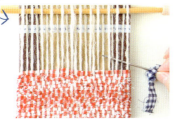

19 続けてフタの部分を織る。とじ針にフタ用のよこ糸（裂き布）を通し、これまでと同様に一段織る。

20 今度は本体のように織り機の裏面は織らず、同じ面だけを往復して織っていく。一段織ったら今度はそうこうaの逆のたて糸をすくいながら織る。

21 折り返すときは、端のたて糸との交差部分をしっかり指で押さえて。よこ糸（裂き布）は引っぱらず、フォークでたぐり寄せるようにして下におろし、詰めていく。

22 目安ラインまで到達。これでフタ部分も織れた。

23 袋本体のときと同様、裂き布端を織り込んで始末し、余分をカットする。

24 本体もフタ部分も織りあがった。あとはたて糸の始末を残すのみ！

次ページに続きます

LESSON3 アレンジいた織り機

たて糸を始末します

25 たて糸をカットする。このとき、袋口側とフタ側の両方とも、たて糸がほぼ同じ長さずつ残る位置でカットするのがポイント。

26 カットしたら、まず本体のたて糸を2目（2本）ずつ玉結びしていく。

27 全部結んだら、玉結びにしたたて糸2本ずつをとじ針に通し、織り目に数目（3目程度を目安に）くぐらせる。

28 余分なたて糸をカットする。

29 全部カットしたところ。これで、袋本体のたて糸の始末は完了。

30 フタ側のたて糸も、2目（2本）1組で結んでいく。

31 織り地がだれたりゆるんだりしないよう、際でしっかりと結んで。

32 たて糸が3本（奇数）残ったときは、真ん中の糸のよりをほぐして2本にし、左右のたて糸に振り分けて結ぶといい。

33 全部結び終えたところ。

織り機からはずします

34 織り地を少しずつずらすようにしながら、織り機からはずす。

35 はずしたらクルッと裏返してみて。裏返した面が織り地の表になる。袋の底両端の織り目が整っているか、穴が開いていないかなどをチェックしたら、再び元に戻して糸端を始末する。

アレンジいた織り機 **LESSON3**

🔵 糸端を始末します

36 たて糸とよこ糸（裂き布）の端は、ひと結びしてから、かぎ針で周囲の織り目に通して始末する。

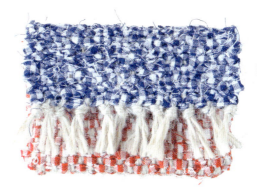

できあがり！

37 再び織り地をクルッと返して表側を出し、フタ部分のたて糸を好みの長さに切り揃える。

TIPS　織るときのポイントと注意点

* よこ糸用の裂き布は長すぎると織りづらいので、最初は60cm〜1mにカットして作業し、慣れてきたら、徐々に長くするといいでしょう（糸で織る場合も同様）。

* 裂き布の場合は、織りながらボンドでつなげて作業を（63ページ参照）。糸の場合は、折り重ねたり結んだりしてつなげ、織りすすめて。

* 布地に裏表があり、その違いがよくわかる場合は、一方に表が来るように整えつつ織りましょう。

* 基本は織りあがったら裏返し、織り機の裏側だったほうを表地に使いますが、好みによってはアレンジが可能。今見えているほうを表にしたいと思う場合は、本体のたて糸を始末し、結び目を作る前に織り終わりのラインにマスキングテープなどを貼って固定し、織り機からはずして、糸端を始末します。フタ側は、その後同様に始末を。

次は、もうひとつの袋織り機が登場します！

LESSON3 アレンジいた織り機

くるりん袋いた織り機 〜袋織り〜

こちらは表と裏を往復して織り、袋状に仕上げるタイプ。
いた織りの仲間ですが、織り方ははこ織りに似ています。
小さなきんちゃくからクッションカバーまで、幅広いアレンジが可能。

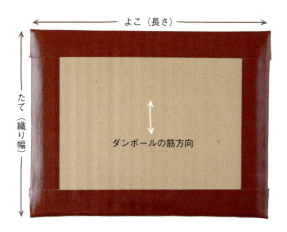

織り機を作るときは・・・

たて（織り幅）
織りたいものの幅プラス1〜1.5cm
（織り機からはずしたときに縮む分）

よこ（長さ）
長さは織りたいものの高さよりプラス3cm以上。
少し余裕をとって作っておくと、
いろいろな作品づくりに使い回せて便利。
＊この袋いた織り機の場合のみ、
　たてのサイズが織り幅に、よこのサイズが長さになります。

> 織り機の作り方
> 上記を参考に、作りたいもののサイズに合わせてダンボールをカット。周囲の縁を指でつぶし、布ガムテープを貼って仕上げます。この織り機もフタつき袋織り機と同様、切り込みを入れずに使います。

基本の織り方

毛糸のプチバッグを作りながら、
織り方をチェックしましょう。

たて糸をかけます

1 まず、たて糸のかけはじめの位置を決め（織り機の左端から右側に向かい、作りたいサイズに1.5mを加えたところ）、そこに1本（1目）クルッと巻く。糸端は5cm程残し、右下端でひと結びする。

2 糸端は、ずれないようにマスキングテープでとめておく。

3 そのまま織り機の左端ギリギリまで糸を巻いていく。糸ではなく、織り機のほうをクルクル回しながら巻くとやりやすい。

4 裏も表同様、たて糸が巻かれているか確認したら、巻きはじめと同じ下端で結ぶ。最後のたて糸に糸端を巻き付けるようにして、しっかり引っぱって固定する。

5 端のたて糸が織り機からはずれないように、クリップをとめて押さえておく。

アレンジいた織り機 **LESSON3**

そうこうをセットします

6 たて糸の奇数の目をひろって、そうこうa(編み針)を通す。

7 裏側にもそうこうを通す。表はそうこうが下を通って終わっているので、こちらは上からはじめる。

point!

よこ糸を通して織ります

8 このいた織りは他にくらべ、織りすすめるうちに織り幅が狭くなりやすい。たて糸の幅を整えたら、この時点でそうこうの両側にマスキングテープを貼り、希望織り幅分の目印をつけておく。常にチェックしながら織りすすめて。

9 1段目は表の左下端から、そうこうと違うたて糸を交互にすくってよこ糸を通す。

10 よこ糸を強く引っぱりすぎないよう気をつけながら、底近くまでよこ糸をおろす。

11 続けて、フォークで織り機の底ギリギリのところまでしっかりと糸をおろす。これで1段。

12 今度はそうこうaを持ち上げて、右から左に向かってよこ糸を通す。

13 通したら、フォークで織り目をしっかりと詰める。このとき、たて糸全体を手のひらで押さえながら作業すると、たて糸が安定して詰めやすい。

次ページに続きます

14 織り機を裏返し、表と同様そうこうを持ち上げて、端まで糸を通す。

15 下までしっかり糸をおろす。これで2段織れた。

LESSON 3 アレンジいた織り機

16 3段目は織り機の裏からはじめ、そうこうとは逆の目をすくって、糸を通す。

17 続けて、表に返して織る。これを繰り返し、表裏を往復して、どんどん織りすすめていく。クリップは3段くらい織ったら、はずして大丈夫。

check!

18 半分くらい織ってくると作業にも慣れてきて気持ちがゆるみ、気づかぬ間に織り幅が縮んでいた…なんてケースが多い。忘れずに、編み棒に貼った目安を見ながら織り幅のチェックを。

19 残り数cmくらいまでできたら、織り機上部の角にクリップをとめ、たて糸がはずれないようにガードを。

たて糸がゆるんできたら

20 織りすすめるにつれて、右端のたて糸がゆるんでくることが…。そんなときは、たて糸を引いてピンと張った状態に戻し、再びマスキングテープで固定を。

21 糸を通しづらくなったらそうこうをはずし、ギリギリまで織る。

22 最後の1段は必ずとなりの織り目と交互になるように織る。

織り機からはずします

23 織り地が織れた。織り機からはずす前に、織り目にすき間がないか（特に底と織り機左端の表裏の境目）確認し、気になる箇所があったらフォークで整えておく。

24 織り地を少しずつずらしながら、織り機からはずす。

アレンジいた織り機 **LESSON 3**

25 クルッと織り地を返して、裏表両面から仕上がりを確認。織り地はどちらを表にして使ってもOK。チェックして好きなほうを選び、それに合わせて糸端の始末をして仕上げる。

26 始末するときは、裏面を表にして作業を。まず、すべての糸端をかぎ針で裏面に引き出す。

27 続けて、底の角の糸端を始末する。たて糸とよこ糸を、角でひと結びする。

28 続けて、かぎ針で1本ずつ周囲の織り目の間に通す。織り目にかぎ針を通し、始末する糸をすくって織り目にくぐらせていく。織り目にすき間があいている箇所がある場合は、この糸を利用し、何度か通して補修を。

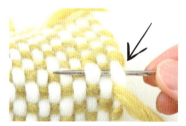

29 袋口側のよこ糸端（織り終わりの糸）は、最後の段のひとつ先の段と同じ上下で4～5目すくって通し、余分をカットする。

30 袋口のたて糸端は、そのまま右端の織り目に何目か通してから、本体側の織り目に数目織り込んで、余分をカットする。

31 途中で糸をつぎ足したところも、余分な糸端をカットする。

できあがり！

次は、はこ織り機が登場します！

LESSON 4

××××× はこ織り機 ×××××

ダンボールの箱が、そのまま織り機に！
箱にクルクルたて糸を巻いて織るだけで
ほかの織り機にはできない、ワンランク上の"形"も作れます。

幅（よこ）
長さ（グルッと一周）

ちょうどいいサイズの箱がない場合は・・・
既成の箱をカットしたり、重ねたりしながら
サイズを微調整します。
＊調整の仕方は、92ページに。

基本のはこ織り機

まずは、織りあがると筒状にできあがる
基本のはこ織り機からはじめましょう。

織り機を作るときは・・・

織りたいものが決まったら、
ちょうど合うサイズの箱を探します。

幅（よこ）
織りたいものの幅よりもプラス3cm以上

長さ（たてにグルッと一周したサイズ）
希望の織りあがりの円周より、プラス1～1.5cm
（織り機からはずしたときに縮む分）
テーブル織り機と違い、フタの形はどんなものでも大丈夫。
また、箱の形が正方形でも長方形でもサイズがあればOKです。

基本の織り方
箱を回しながら織りすすめる独特な織り方です。まずは手順をチェック！

たて糸をかけます

1 たて糸は箱の角から巻きはじめる。グルッと一周箱に巻いたら、同じ角のところで、ひと結び。糸端は10cmほど残す。

2 糸端は上に持ち上げて、箱の空いている部分にマスキングテープでとめ、固定しておく。

3 希望の幅になるまで箱に巻きつけていく。糸を動かすのではなく箱をテーブルに置き、グルグル回していくほうが作業しやすい。

4 巻き終わったら、必ず巻きはじめたときと同じ角で結び目を作る。こちらも固く結ばずクルッとひと結びする程度に。

5 結んだら、そのまま糸を引いてピンと張った状態にする。

6 5の糸端もマスキングテープで固定する。続けて、箱の表裏どちら側を数えてもたて糸の本数が同じかどうか、確認！

はこ織り機 **LESSON 4**

7 糸の間隔を1cm弱くらいに整え、奇数の目にそうこうb（定規）を通す。

8 織りたい幅の目安をマスキングテープで定規に貼っておくと、作業中にチェックしやすく便利。これで準備OK。

よこ糸を通して織ります

9 たて糸の結び目がある面から織りはじめる。よこ糸を1〜2mにカットして織り針（とじ針でも可）に通し、そうこうを持ち上げて通す。

10 通したよこ糸を下ろし、フォークで箱の角のラインに沿って整える。これで1段。糸端は6〜7cmほど出しておく。

11 続けて、織り針（とじ針）で1段目とは違うたて糸をすくいながら、糸を通す。

12 端を通す際は必ず、たて糸とよこ糸の接点を指で押さえながら。よこ糸を手前に引き寄せるようにして通したら…。

13 そうこうbの定規を下ろして、トントンと軽く織り目全体をたたくようにすると、ラインがきれいに整う。フォークと合わせて利用して。これで2段織れた。9〜13の手順を繰り返して、箱の周りをグルッと織りすすめる。

TIPS 織るときのポイント 1

糸をすばやく通すコツは

糸を通すときは左手に糸をのせ、指で軽くささえておいて右手で一気にたぐると、糸が絡まずスピーディにたぐり寄せることができる。

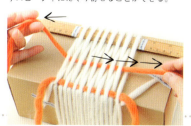

箱の角に近づいたら

箱の角が近くなり、よこ糸を通しづらくなったら、そうこうを次の側面に移動させる。糸を通すときは、角から少し飛び出るようにそうこうを手前に出し、すき間を作ると針が通りやすく、作業しやすい。

次ページに続きます

LESSON 4 はこ織り機

TIPS 織るときのポイント 2

織り目がつまったら

織りすすめるにつれ、織り目がどうしても詰まりがちになることが。ほとんどの場合、織り地の真ん中あたりで詰まるケースが多いので、ときどきフォークでたて糸の間隔を広げて。同時に織り目と織り目の間隔もチェック。

最後に織り地の両側を持ち、少しのばすように広げると、詰まった織り幅が調整できる。

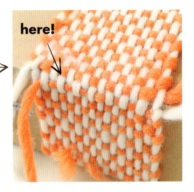

14 最後の側面まで進み、そうこうbが入らなくなったら、そうこうaの編み棒に変えて織りすすんで。

15 最後の1段は必ず、織り目が織りはじめの1段と交互になるように織る。

here!

16 最後まで織ったら、織りはじめの1段目と同じすくい方で数目通しておく。織りはじめに残しておいた糸端も同様に。これで織りあがり。

17 テープでとめておいたたて糸をはずして、箱から引き抜く。

引き抜いたら表と裏をチェックしましょう

筒状や袋状に織りあがる織り地は、表と裏が限定されてしまうものが多いのですが、このはこ織り機の場合は、そんなルールは一切ないのがうれしいところ。織り地の表と裏は意外に表情が違うので、作品の仕上がりにも大きく影響します。この時点でじっくりチェックして、好きなほうを表に選びましょう。選んだら、あとは糸端の始末を残すのみ！

はこ織り機 **LESSON4**

→ 糸端を始末します

18 よこ糸の端はかぎ針などで裏側に引き入れ、裏側で織り目を何目かすくってから余分をカットする。

19 たて糸は、始末する場合はそのまま上に向かってよこ糸を何目かすくった後、裏に出して表からは見えない部分の織り目をすくって数cm通して、余分をカットする。

できあがり！

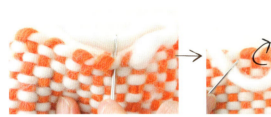

20 織り地をとじる糸として使う場合はそのまま残す。端の織り地のラインがデコボコしているときなども、へこんだ箇所のたて糸に何度か巻きつけるようにしてラインを整えるといい。

\TIPS/ こんなこともできます！

帽子を作るときは…

織りあがったら、どちらか一方のたて糸端は始末せずに残しておきます。このとき、織り地のラインがきれいなほうを帽子のかぶり口にし、あまりきれいでないほうを残しておきましょう。他の糸始末がすんだら、残しておいたたて糸の端を持って、少しずつ引っぱりながらしぼっていきます。

もう引っぱれないというところまでしっかり引っぱったら、ごらんの帽子型に！
引いたたて糸は、そのまま利用し、この糸で縫いとめて仕上げます。

次はいよいよ最後の織り機が登場します

85

LESSON 4 はこ織り機

アレンジはこ織り機～マチつき袋織り

レッスンの最後に登場するのは
織りあがってはずすと、すでにマチつきの袋型にできあがっているという
スゴ技の織り機です。たて糸のセットがちょっぴり大変ですが
織りあがったときの達成感はひとしお！

立てて使う / 寝かせて使う
高さ / 幅 / 奥行き（マチ）

ちょうどいいサイズの箱がない場合は・・・
既成の箱をカットしたり、重ねたりしながらサイズを微調整します。
＊調整の仕方は、92ページに。

織り機を作るときは・・・

:形を決める:
どんな形の箱をどういう方向に置いて使うか、また、同じ箱でも置き方次第で、できる織り地の形はさまざまに変化します。
たとえば、細長い箱を立てて使えば縦に長い高さのある袋型に。逆に寝かせて使えば、高さは低めで横長の袋型に etc・・・。
まずは作りたいもの、その形を思い浮かべ、イメージに近い箱探しからはじめましょう。

:サイズを決める:
織り機からはずしたとき、織り地は少し小さくなりますが、この織り機の場合は特に、使う素材によって縮み方が若干変わります。
＊毛糸や糸で作ったとき・・・幅、高さ、マチ部分ともに平均1～1.5cm小さくなります。
＊裂き布で作ったとき・・・幅、高さ、マチ部分ともに平均2～3cm小さくなります。織り機用の箱を選ぶときは、使う素材に合わせ、箱のサイズ（幅、高さ、奥行き）にそれぞれ上記を足したものを選びましょう。

基本の織り方

同じはこ織りでも、筒状の織り地とは手順がかなり異なるので、しっかりチェックしましょう。

織り機の前後面にたて糸をかけます

1 たて糸は箱の角から巻きはじめる。グルッと一周箱に巻いたら、同じ角のところで、ひと結び。糸端は10cmほど残す。

2 糸端は上に持ち上げて、箱の空いている部分にマスキングテープでとめ、固定しておく。

3 箱にどんどん巻きつけていく。糸を動かすのではなく、箱をテーブルに置き、クルクル回していくほうが作業しやすい。

4 巻き終わったら、必ず巻きはじめたときと同じ角で結び目を作る。こちらも固く結ばずクルッとひと結びする程度でOK。

5 糸端は、マスキングテープを貼って固定する。

6 これで、前後の面にたて糸がセットできた。次は、側面にたて糸をかける。

はこ織り機 **LESSON 4**

側面にたて糸をかけます

7 側面はつなげずに1本ずつかけるので、まず1本の長さを決める。箱の側面→底→側面にグルッと糸を回し、上でひと結びする分も足して長さを出してカットする。

8 1本カットしたら、それを定規代わりにして残りのたて糸をカットする。まずはザックリと必要になりそうな本数をカットしておき、足りなくなったら後でカットを。

9 たて糸の合計を奇数にするため、1本だけは側面の長さをもう1回足したものをカットしておく。

10 側面のたて糸は、底部分で前後面のたて糸と上下を交差させ、織りながら通す。まず1本目を織り針(とじ針でも可)に通し、前後面の奇数のたて糸をすくって通す。上にそうこうを入れて作業するとスムーズ。

11 通したら、箱の角ギリギリのところに合わせる。左右の端の糸は、この段階ではこのままにしておいてOK。

12 2本目は、前後面の偶数のたて糸をすくって通す。

13 糸と糸の間隔は、使用するよこ糸の太さによって調節するが、5mm前後を目安に整えるといい。9でカットした長めの1本は、いちばん最後に通す。

14 底に全部通し終えたところ。糸同士の間隔や織り目の詰め具合、幅など、この時点で整えておく。

15 今度は箱の上下を返し、底に通したたて糸を上で結んでいく。その際、両端のたて糸の下をくぐらせると、通した糸がずり落ちづらくなる。通したら真ん中でしっかり結んで。

16 すべての糸を結び終えたところ。長めにとっておいた糸も、一方の糸端を長く出した状態で、結んでおく。

次ページに続きます

LESSON4 はこ織り機

17 箱上部で最後に結んだたて糸は、糸端を箱の角に沿わせるようにして底側におろし、底の角でとなりのたて糸にクルッと通して結ぶ。

18 これで、たて糸のセットが完了。念のため本数を数えて、奇数になっているかどうか確認を。ちなみに、17で最後に結んだ糸の結び目は、前後面どちらの四隅の角にあっても大丈夫。

底によこ糸を通して織ります

19 18で作った、たて糸の結び目があるところから織りはじめる。よこ糸を1〜2mにカットして織り針（とじ針でも可）に通したら、底面の端のたて糸とひとつ先のたて糸の間に1、3、5と奇数目をすくって通す。糸端は6〜7cmほど出しておく。

20 1段通したところ。

21 次は、隣り合ったたて糸の下を通って、このたて糸を1本はさむ形で偶数目をすくって通す。

22 これで2段目が織れた。3段目もたて糸を1本はさむ形で奇数目を、その次は1本はさんで偶数目を…と織りすすめていく。

23 底面が織れた。織り目の幅や詰め具合など、チェックしてこの時点で整えておく。

24 よこ糸の端は、6〜7cmほど残して余分をカットする。

はこ織り機 **LESSON4**

↳ そうこうをセットします

25 続いて、織り機の前後と両側面の作業。まず、前後どちらかの面にそうこうa（編み棒）を奇数の目に通す。

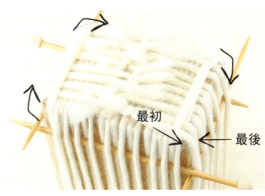

26 そうこうは、前後と両側面すべての面にセットする。次の面に移るときは、必ず前の面の最後と交互になるように通し、最後と最初の目のみ同じであればOK（これがたて糸が奇数である確認になる）。

27 そうこうの上に、逆の目をひろって竹串もセット。これでたて糸が安定して織りやすくなる。

↳ 前後側面によこ糸を通して織ります

28 底面を織ったときと同様、たて糸の結び目があるところから織りはじめる。織り針（またはとじ針）によこ糸を通し、底のたて糸端の下、ちょうど結び目の下から奇数の目をすくって通す。

29 糸を通したら、フォークを使い、織り目が底のラインギリギリまでくるようにしっかりと詰める。

30 これで一面が1段織れた。次は右側面を織る。

31 右側面を織ったところ。次は続く後ろの面を織る。

32 後ろの面に続いて側面も織り、グルッと一周織ったところ。ここまで織ったら、今度は織り機の上下を返して…。

33 ここから先は、底面を下にして、織り機を回しながらどんどん織りすすめる。

34 作業中、そうこうは使いやすい位置に動かしてもOK。織り地は、糸始末できるたて糸の長さ（約10cm）が残せる高さまで織ることができる。今回はここで織り終わりに。

次ページに続きます

89

LESSON 4 はこ織り機

よこ糸を織り込んで始末します

35 織り終わりのよこ糸端は、いちばん最後の段とひとつ手前の段の間に、手前の段と同じたて糸のすくい方で通す。5～6目通したら、しっかり詰めて余分な糸端をハサミでカットする。

たて糸を始末します

36 続いて、たて糸を始末する。まず箱の側面にセットしたたて糸を、真ん中(結び目)あたりから半分にカットする。

37 前後面にセットしたたて糸も、同様に、真ん中あたりからカットする。

38 端から、たて糸を2目(2本)ずつ玉結びしていく。

39 織り地がだれたりゆるんだりしないよう、際でしっかりと結んで。

40 たて糸が3本(奇数)残ったときは、真ん中の糸のよりをほぐして2本にし、左右のたて糸に振り分けて結ぶといい。

41 玉結びにしたたて糸2本ずつをとじ針に通し、織り目に数目(3目程度を目安に)くぐらせる。この作業は、結び目を作るごとにやっても全部結び目を作ってからでもOK。

42 側面すべてのたて糸をくぐらせたところ。残る三面のたて糸も同様に作業する。

はこ織り機 LESSON4

43 余分なたて糸をすべてカットする。糸を少し寝かせてカットすると、カットした断面が斜めになり、織り地となじんで糸端が目立ちづらくなる。

44 たて糸の始末が終了。残す作業は、あとわずか！

織り機からはずして、仕上げます

45 織り機から少しずつずらしながら、織り地を引き抜く。今見ているのが裏面になる。

46 底を織ったときのよこ糸の端は、とじ針に通し、近くのよこ糸の上に数目通して余分をカットする。

47 底と側面の織りはじめのよこ糸は、一度結んでから、それぞれ近くの織り目の上を何目かすくって通し、余分をカットする。

48 たて糸の端も、近くのたて糸の上を何目か通してから、余分をカットする。

できあがり！

糸端の始末を全部終えたら、
織り地をクルッと返して完成。
マチつき袋織りというネーミングから、
バッグ専用の織り方みたいに思えますが、
ごらんのように低めに作って、
収納バスケットにしたり
サイズを少し変えて2コ作り、
フタつきのボックスにしたり…と
いろいろアレンジできます。

LESSON4 はこ織り機

> はこ織り機
> プラスアルファ
> POINT

はこ織り機作りで困ったときは
この方法で解決！

ちょうどいいサイズの箱が、いつも手に入るとは限りません。
でも、大丈夫。手元にあるダンボール箱に合わせ、少し手を加えるだけで
希望サイズの織り機に仕立る方法を、ご紹介します。

1 長さや高さが足りないとき

上や底に薄めのダンボール箱や本などをのせて調節し、ピッタリのサイズになったら、ずれないように養生テープで固定します。ほんの数cmの差なら、ダンボールを板状にカットし、箱の上に数枚重ねて調節を。

2 箱が見つからないとき

ダンボールを必要なサイズにカット。三辺にカッターで切り込みを入れ、折り曲げたら、両端をテープで貼って筒状に組み立てます。43ページでご紹介したカップウォーマーは、この方法で作った織り機を使っています。

3 箱が大きすぎるとき

フタの折り込みを大きくすることで箱自体のサイズを小さくする方法です。箱をグルッと一周した長さが作りたいサイズになるよう、ダンボール箱の角4カ所にカッターで切り込みを入れ、フタの折り込みを深くします。続けて、フタの面にも、折り込めるように切り込みを。その切り込みに沿ってフタを折り重ねたら、テープでフタを押さえて、できあがり。

切り込み

切り込み

HOW TO MAKE
材料と作り方

作る前に、読んで欲しいこと

[糸や布の分量表記について]

使用グラム数のみしか表記していないものは、グラム売りの糸です。
使用量が2グラム以下のものについては、少々と明記してあります。
(ただし、購入の際は購入最小グラム数・または個数単位となります)
裂き布は作品で使用した分量を表記してあります。実際に使用する布の厚みや素材、
織り加減によって必要量は若干変わるので、念のため、作品サイズの約5〜6倍を目安に
気持ち多めにご用意ください。

[できあがりのサイズについて]

できあがりサイズは、織り機からはずした状態の大きさです。
たて糸のかけ方や、よこ糸の織り具合など、織り手の個人差によって若干変わる場合が
あります。若干の誤差があっても、使用に問題はありません。

[各作品の織り目について]

織り目を詰めたほうがいい毛糸の場合、逆にゆったりあけたほうがいい場合などは
作り方手順のなかに織り方を明記してあります。それ以外のものは
6mm〜1cm間隔を目安に、好みで増減してください。

[使用織り機について]

織り機は、各作品のできあがりに適したサイズを表記していますが
大きめに作っておけば、さまざまな作品に併用できるものも多数あります(特にテーブル織り機)。
作りたいものに合わせて織り機を作り、上手に活用してください。

コースターコレクション 1

赤い毛糸に白を組み合わせて
12 ページ

[使用糸]
- ●たて糸
  A～F…すべてDARUMA　コンビネーションウール 赤（5）
　　*Cは上記にAVRIL　BFリング ホワイト（01）少々をプラス
　　*Dは上記にDARUMA
　　　ビッグボールミスト 白（1）少々をプラス
- ●よこ糸
  A…DARUMA　コンビネーションウール 赤（5）
　　（以下コンビウール赤（5）と省略）
　　たて糸と合わせて約8g（1/5玉）
  B…コンビウール赤（5）たて糸と合わせて約5g（1/8玉）、
　　ハマナカ ソノモノループ オフホワイト（51）少々
  C…コンビウール赤（5）たて糸と合わせて約8g（1/5玉）
  D…コンビウール赤（5）たて糸と合わせて約5g（1/8玉）
  E…コンビウール赤（5）たて糸と合わせて約5g（1/8玉）、
　　コンビウール白（1）少々
  F…コンビウール赤（5）たて糸と合わせて約5g（1/8玉）、
　　AVRIL　ポリモール ホワイト（01）、ポコ ホワイト（00）各少々

[その他の材料]
布用（布補修）ボンド

[使用織り機]
A、C、F…基本のいた織り機（幅15×長さ25cm）
B…詰め仕上げ用いた織り機（幅12〜×長さ11cm）
D…裂き布・細糸用いた織り機（幅15×長さ25cm）
E…詰め仕上げ用丸いた織り機（直径11cm）

[セット寸法]
A…たて糸1本どりで13目（幅10.5×長さ25cm）
B…たて糸1本どりで13目（幅10.5×長さ11cm）
C…たて糸2本どりで13目（幅10.5×長さ25cm）
D…たて糸1本どりで17目（幅10×長さ25cm）
E…たて糸1本どりで24目（織り機に対角線状に順にかけていく）
F…たて糸2本どりで13目（幅10.5×長さ25cm）

[できあがりサイズ]
A、C、F…9.5×14.5cm（フリンジ含む）
B…9.5×11cm
D…9×14cm（フリンジ含む）
E…直径10.5cm

[作り方]
1. 織り図を参考に織り機にたて糸をかけたら、A、C、D、Fはフリンジ仕上げ分5cmをとって、Bはとらずによこ糸1本どりで織りすすめる。
2. Eは織り機にたて糸をかけたら（24目）、2目をひもで結び、ひとつにまとめて23目（奇数）にしてから、よこ糸1本どりで織りすすめる。
3. A、C、Dは同じ糸で、B、E、Fは織り図を参考に糸を変えながら織る。
4. A、C、Dは長さ10cmまで、Fは長さ10.5cmまで織ったら、シンプルフリンジ（60ページ）の方法でたて糸を始末して仕上げる。
5. BとEは織り機ぎりぎりまで詰めて織り、詰め仕上げ（61ページ）の方法でたて糸を始末して仕上げる。

＊織り方、仕上げ方はA、B、C、Fは58〜61ページ、Dは62〜63ページ、Eは64〜66ページを参照。

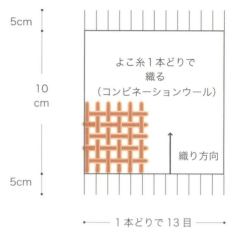

A 織り図

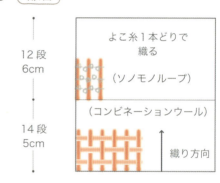

B 織り図

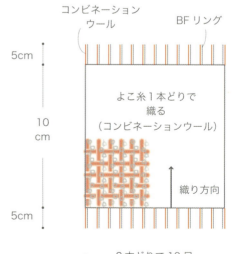

C 織り図

D 織り図

よこ糸1本どりで織る

5cm / 10cm / 5cm

織り方向

赤4 / 白3 / 赤3 / 白3 / 赤4

1本どりで17目

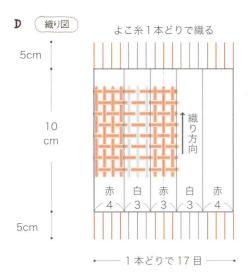

E 織り図

たて糸1本どりで24目

1カ所2本一緒に結ぶ

よこ糸1本どり

白3段
赤15～16段
赤5～6段

直径10.5cm

F 織り図

5cm / 10.5cm / 5cm

よこ糸1本どりで織る

織り方向

赤2段 1.5cm
ポコ3段 3cm
ポリモール2段 1.5cm
ポコ3段 3cm
ポリモール2段 1.5cm

2本どりで13目

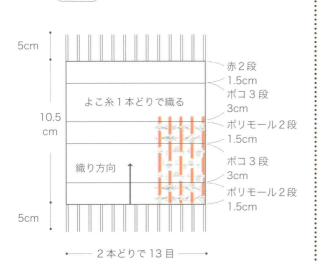

グラデーションマフラー

 ページ

[使用糸]
- たて糸、よこ糸…ともにKeito取り扱い糸　コリネット フープラ モネ（101）1カセ（50g）

[使用織り機]
幅18cm～のテーブル織り機

[セット寸法]
たて糸1本どりで17目、長さ128cmにセット(幅 約16×長さ128cm)

[できあがりサイズ]
15×124cm

[作り方]
1. 織り機にたて糸をかけたらフリンジ分をとらず、よこ糸2本どりで織り進める。
2. 織りあがったら、詰め仕上げ(61ページ)の方法でたて糸を始末して仕上げる。

*織り方、仕上げ方は68～71ページを参照。

織り図

よこ糸2本どりで織る

128cm

たて糸の配色

織り方向

1本どりで17目

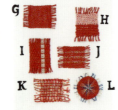

コースターコレクション 1
赤の麻糸に異素材を合わせて

 ページ

[使用糸]
- たて糸

G、H、I、J、K…すべてハマナカ コマコマ 赤（7）
 *Iは上記に幅1.5cmのリネンリボン25cmをプラス
 *Jは上記に細い飾り糸（25cm×3本）をプラス
 *Kは上記にAVRIL ポプリ レッドmix（65）、綿カール クリーム（03）各少々をプラス

L…DARUMA ヘンプストリング 青（9）、生成り（2） 各少々

- よこ糸

G、I、J、K、L…すべてハマナカ コマコマ 赤（7） Lは4g(1/10玉)、他はたて糸と合わせて各約8g（1/5玉）

H…ハマナカ コマコマ赤（7）たて糸と合わせて約8g(1/5玉)、裂き布（赤のストライプ）幅1.2×120cmを3本

[その他の材料]
布用(布補修)ボンド

[使用織り機]
G、H、I、J、K…裂き布・細糸用いた織り機（幅15×長さ25cm）
L…丸いた織り機（22cm角）

[セット寸法]
G、J…たて糸1本どりで19目（幅10.5×長さ25cm）
H…たて糸1本どりで20目（幅11.5×長さ25cm）
I…たて糸2本どりで17目（リボン1本2目分も含む）
　　（幅9.5×長さ25cm）
K…たて糸1本どりと2本どり合わせて19目
　　（幅10.5×長さ25cm）
L…たて糸1本どりで24目（織り機に対角線状に順にかけていく）

[できあがりサイズ]
G、H、K…9.5×14.5cm（フリンジ含む）
I…9×14.5cm（フリンジ含む）
J…9×14cm（フリンジ含む）
L…直径12cm（フリンジ含む）

[作り方]
1. 織り図を参考に織り機にたて糸をかけたら、G、I、J、Kはフリンジ仕上げ分5cmをとってよこ糸1本どりで織りすすめる。Hはフリンジ分7cmをとって、よこ糸2本どりで織る。
2. Lは織り機にたて糸をかけたら（24目）、2目をひもで結び、ひとつにまとめて23目(奇数)にしてから、よこ糸1本どりで織りすすめる。
3. G、I、J、K、Lは同じ糸で、Hは織り図を参考に糸を裂き布に変えながら織る。
4. G、I、J、Kは長さ10cmまで織ったら、シンプルフリンジ（60ページ）の方法でたて糸を始末して仕上げる。
5. Hは長さ10cm、Lは直径10cmまで織ったら、玉どめフリンジ（60ページ）の方法でたて糸を始末して仕上げる。

*織り方、仕上げ方はLは64～66ページ、それ以外は62～63ページを参照。

POINT
Iはリボンの両側も含めきっちりと詰めて、JとKはアクセントに入れた糸の両側に少しすき間を作るように、間隔をあけて織ると、きれいに仕上がります。

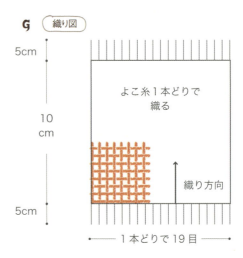

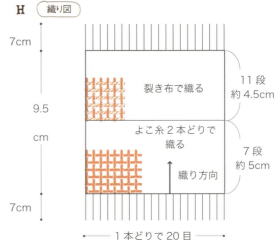

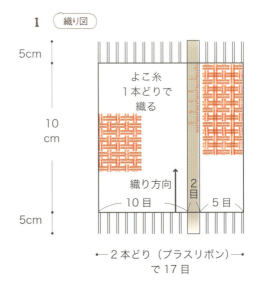

リボンの端は5mm裏側に折ってボンドで貼る

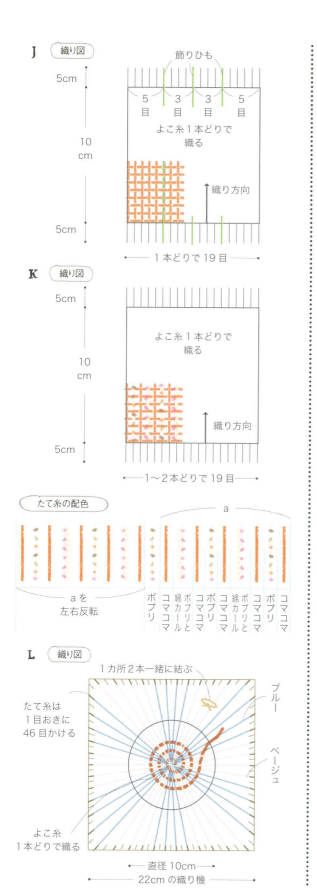

リボンアクセントマフラー

23 ページ

[使用糸]
- たて糸…DARUMA　ビッグボールミスト ライトグレー (6)　70g（よこ糸分含む）　1と2/5玉
- よこ糸…DARUMA　ビッグボールミスト ライトグレー (6)、幅1.8cmのリボン約3m

[その他の材料]
布用(布補修)ボンド

[使用織り機]
幅20cm〜のテーブル織り機

[セット寸法]
たて糸は、毛糸2本どりとリボン（3目分）で計19目、長さ145cmにセット(幅約18×長さ145cm)

[できあがりサイズ]
17×139cm（フリンジ含む）

[作り方]
1. 織り図を参考に織り機にたて糸をかけたら、フリンジ仕上げ分7cmをとって、よこ糸1本どりで織り進める。
2. 織りあがったら、シンプルフリンジ(60ページ)の方法でたて糸を始末して仕上げる。リボンの端は内側に折りたたんで布用ボンドで貼り、ほつれどめをする。

＊織り方、仕上げ方は68〜71ページを参照。

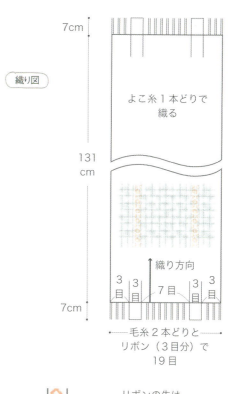

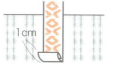

リボンの先は毛糸のフリンジより2cm長めにカットし、端を裏側に三つ折りにしてボンドで貼る

コースターコレクション 2

いろんな糸や素材でアレンジ

ページ

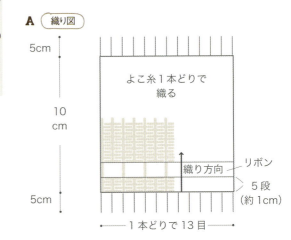

[使用糸]

A…●たて糸—DARUMA
　ウールジュート 生成り（1）約8g（よこ糸を含む）
　●よこ糸—DARUMA　ウールジュート 生成り（1）、
　幅2cmのリボン21cm

B…●たて糸、よこ糸—ともにDARUMA ヘンプストリング
　ベージュ（2）、カラシ（3）、モスグリーン（4）、水色（5）、
　オレンジ（6）、赤（7）、ブルー（9）、こげ茶（10）各少々・
　合計約10g

C…●たて糸、よこ糸—ともにDARUMA
　SASAWASHI 生成り（1）、こげ茶（3）各約4g（約1/6 個）

D…●たて糸、よこ糸—ともにDARUMA
　ビッグボールミスト 白（1）約5g（約1/10玉）

E…●たて糸—DARUMA 手つむぎ風タム糸 黄（15）、
　AVRIL スラブリング レモン（03）、ポコ チーズケーキ（04）、
　ウラン マスカット（26）各少々
　●よこ糸—AVRIL スラブリング レモン（03）各少々

F…●たて糸、よこ糸—ともにDARUMA
　ビッグボールミスト 水色（3）約5g（約1/10玉）

[その他の材料]

D、F…直径1cm程度のフェルトボール
布用（布補修）ボンド

[使用織り機]

A、B、C…裂き布・細糸用いた織り機（幅15×長さ25cm）
E…基本のいた織り機（幅15×長さ25cm）
D、F…詰め仕上げ用丸いた織り機（直径11cm）

[セット寸法]

A…たて糸1本どりで13目（幅10.5×長さ25cm）
B…たて糸3本どりで16目（幅10.5×長さ25cm）
C…たて糸2本どりで20目（幅10.5×長さ25cm）
D、F…たて糸1本どりで24目（織り機に対角線状に順にかけていく）
E…たて糸1～3本どりで13目（幅11×長さ25cm）

[できあがりサイズ]

A…10×13cm（フリンジ含む）
B…12.5×14cm（フリンジ含む）
C…9.5×13cm（フリンジ含む）
D、F…直径約10.5cm　　E…約10×15cm（フリンジ含む）

[作り方]

1. 織り図を参考に織り機にたて糸をかけたら、A、Eはフリンジ仕上げ分5cmをとってよこ糸1本どりで織りすすめる。Aは途中でリボンをはさんで織る。
2. Bはフリンジ仕上げ分3～5cmをとってよこ糸3本どりで1段ごとに色を変えて織る。そのとき、左右に3cmくらいずつ糸端を残しながら織っていく。
3. Cはフリンジ仕上げ分5cmをとってよこ糸2本どりで、1往復ごとに糸の色を変えながら織りすすめる（千鳥格子の織り方は99ページを参照）。
4. D、Fは織り機にたて糸をかけ（24目）、2目をひもで結び、ひとつにまとめて23目（奇数）にしてから、よこ糸1本どりで織る。
5. A、B、C、Eは長さ10cmまで織ったら、シンプルフリンジ（60ページ）の方法でたて糸を始末して仕上げる。Bは左右に残した糸端も同様に始末する。D、Fは直径10cmまで織ったら、詰め仕上げ（61ページ）の方法でたて糸を始末して仕上げ、ボンドでアクセントのフェルトボールを貼る。

＊織り方、仕上げ方はA、B、Cは62～63ページ、D、Fは64～66ページ、Eは58～61ページを参照。

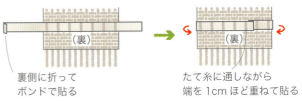

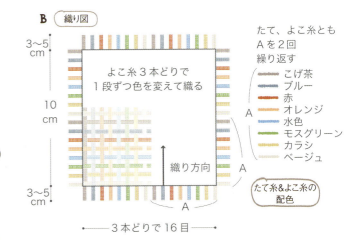

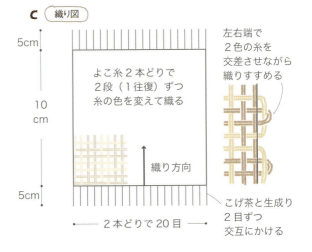

D, F 織り図

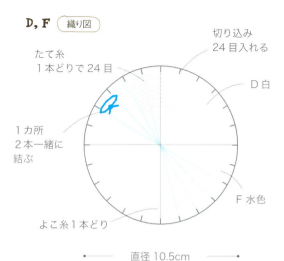

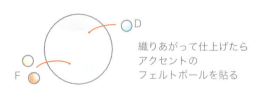

織りあがって仕上げたら
アクセントの
フェルトボールを貼る

E 織り図

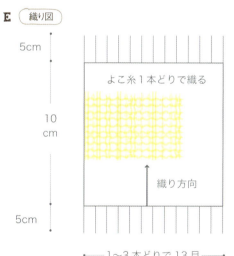

たて糸の配色

千鳥格子のマフラー

 ページ

[使用糸]
- たて糸、よこ糸…ともにKeito取り扱い糸　BTシェルター Hayloft（12）、Tartan（33）各25g（各1/2カセ）

[その他の材料]
布用（布補修）ボンド

[使用織り機]
幅18cm～のテーブル織り機

[セット寸法]
たて糸は3本どりで計18目、長さは105cmにセット（幅15.5×長さ105cm）

[できあがりサイズ]
13×100cm（フリンジ含む）

[作り方]
1. 織り図を参考に織り機にたて糸をかけたら、フリンジ仕上げ分5cmをとって、よこ糸3本どりで織る。
2. 織りあがったら、シンプルフリンジ（60ページ）の方法でたて糸を始末して仕上げる。

＊織り方、仕上げ方は68～71ページを参照。

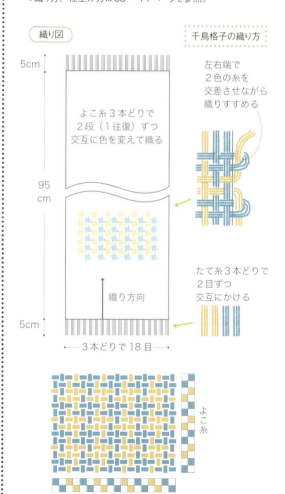

コースターコレクション 2
いろんな糸や素材でアレンジ

 ページ

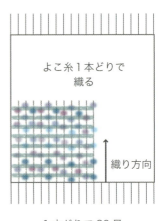

[使用糸]
G…たて糸―AVRIL　ポンポンモール　青絣（54）少々
　●よこ糸―ターコイズブルーのリネン地
　　幅1.2cm×145cmを2本
H●たて糸―クロバー ルネッタ ローズピンク（60-508）
　　AVRIL　綿カール　クリーム（03）
　●よこ糸―AVRIL　ビッグポンポン　レッド（1477）　各少々
I●たて糸―パピー　アンジェロ　グレー（504）約7g（約1/7玉、
　　よこ糸を含む）、AVRIL　パンジー　シルバーグレー（05）少々
　●よこ糸…パピー　アンジェロ　グレー（504）、
　　AVRIL　パンジー　グレージュ（02）少々
J●たて糸―Keito取り扱い糸 アラフォスロピ　ベージュ（9972）
　　約5g（約1/10玉）、
　　0.8cm幅の革ひも　茶 長さ25cm×3本
　●よこ糸―Keito取り扱い糸 アラフォスロピ　ブルー（9958）
　　約5g（約1/10玉）
K●たて糸、よこ糸―ともにKeito取り扱い糸 コリネット
　　モヘア ソルティッドペッパー（180）約5g（約1/10カセ）

[その他の材料]
布用（布補修）ボンド

[使用織り機]
G…裂き布・細糸用いた織り機（幅15×長さ25cm）
H、J、K…基本のいた織り機（幅15×長さ25cm）
I…詰め仕上げ用いた織り機（幅12〜×長さ11cm）

[セット寸法]
G…たて糸1本どりで20目（幅10.5×長さ25cm）
H…たて糸1〜2本どりで13目（幅10×長さ25cm）
I…たて糸3本どりで13目（幅11×長さ11cm）
J…たて糸2本＆革ひも1本どりで13目（幅10.5×長さ25cm）
K…たて糸1本どりで20目（幅10.5×長さ25cm）

[できあがりサイズ]
G…10×16cm（フリンジ含む）
H…10×15cm（フリンジ含む）
I…11×11cm
J…10×14cm（フリンジ含む）
K…10×14cm（フリンジ含む）

[作り方]
1. 織り図を参考に織り機にそれぞれたて糸をかけたら、G、H、J、Kはフリンジ仕上げ分5cmをとって、Iはとらずに、それぞれよこ糸1〜2本どりで織りすすめる。
2. 長さ10cmまで織ったら、Gは玉どめフリンジ（60ページ）、H、J、Kはシンプルフリンジ（60ページ）の方法でたて糸を始末して仕上げる。
3. Iは織り機ぎりぎりまで詰めて織り、詰め仕上げ（61ページ）の方法でたて糸を始末して仕上げる。

＊織り方、仕上げ方はGは62〜63ページ、H、I、J、Kは58〜61ページを参照。

G　織り図

5cm / 10cm / 5cm
よこ糸1本どりで織る
織り方向
―1本どりで20目―

H　織り図
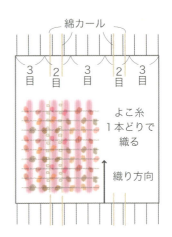
綿カール
3目 2目 3目 2目 3目
5cm / 10cm / 5cm
よこ糸1本どりで織る
織り方向
―1〜2本どりで13目―

I　織り図

11cm
よこ糸2本どりで織る
織り方向
―3本どりで13目―

たて糸の配色

パンジーシルバーグレー／アンジェロ／アンジェロ

よこ糸の配色

アンジェロ
パンジーグレージュ

J 織り図

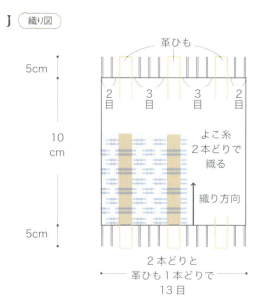

K 織り図

ファーティペット

 ページ

[使用糸]
- たて糸、よこ糸・・・ともにDARUMA　フェイクファー ライトブラウン（3）約21m（1と1/3個）

[使用織り機]
幅14cm〜のテーブル織り機

[セット寸法]
たて糸1本どりで12目、長さは84cmにセット（幅12×長さ84cm）

[できあがりサイズ]
12×82cm

[作り方]
1. 織り機にたて糸をかけたらフリンジ分をとらず、よこ糸1本どりで織り進める。
2. 長さ61cmまで織ったら、通し口を作る。たて糸を真ん中から2等分にふり分け、左右6目ずつ別々に織りすすめる。
3. 11cm織り進んだら、再び12目一緒に織りすすめる。織りあがったら、詰め仕上げ（61ページ）の方法でたて糸を始末して仕上げる。

＊織り方、仕上げ方は68〜71ページを参照。

> **POINT**
> 仕上がったらどちらを表側にするか決め、表に決めたほうにかぎ針などで毛足を出して、全体に毛並みを整えましょう。

織り図

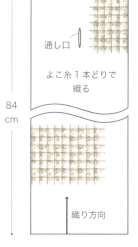

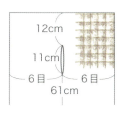

61cmまで織ったら
たて糸を中心から2つに分け
それぞれ別々に織りすすめて
通し口をつくる。
11cm織ったら元に戻し
12目で織りすすめる

まんまるシートクッション

16-18 ページ

[使用糸]
すべてAVRIL

A… ●たて糸―ポンポンモール 青絣（54）10g
　　●よこ糸―ウールスライバー 風船ガム（13）、ライラック（32）
　　　各約50g、ラグーン（33）60g

B… ●たて糸―ビッグボンボン ブラウン（600）10g
　　●よこ糸―ウールスライバー スカーレット（21）150g

C… ●たて糸―綿カール オレンジ（09）10g
　　●よこ糸―ウールスライバー チーズケーキ（4）150g

D… ●たて糸―ビッグボンボン ブラウン（600）10g
　　●よこ糸―ウールスライバー ライトブラウン（102）50g、
　　　ミディアムブラウン（103）100g

E… ●たて糸―綿カール ワサビ（02）10g
　　●よこ糸―ウールスライバー ライム（31）50g、
　　　ミント（8）100g

F… ●たて糸―綿カール ピンク（08）10g
　　●よこ糸―ウールスライバー パンジー（36）60g、
　　　風船ガム（13）90g

[使用織り機]
直径30cmの詰め仕上げ用丸いた織り機（対角線を引いて円周を18等分し、計36カ所に切り込みを入れておく）

[セット寸法]
たて糸1本どりで36目（織り機に対角線状に順にかけていく）

[できあがりサイズ]
直径約30cm

[作り方]
1. 織り機にたて糸をかけたら（36目）、2目をひもで結び、ひとつにまとめて35目（奇数）にする。
2. 中心から交互によこ糸を通していき、織り機の縁までできたら、詰め気味にしっかりと織る。
3. 1で結んでいたひもを取り、織り機からはずして形を整える。

＊織り方、仕上げ方は61、64〜66ページを参照

POINT
よこ糸をたて糸に通すときは、たて糸3〜4本ずつ。その際、指でたて糸を少し持ち上げ、浮かしながらよこ糸を通すとスムーズに作業できます。よこ糸に使ったウールスライバーは、素材の特性上、太さが一定でない部分がありますが、作業上は問題ありません。上記の必要量で作れば、同じサイズにできあがります。

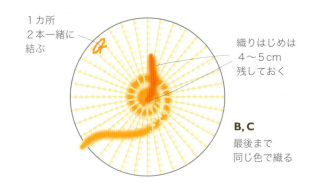

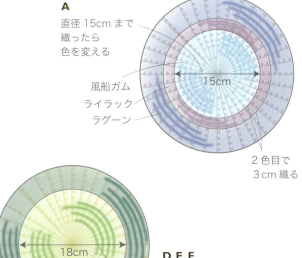

ふわふわコサージュ

ページ

[使用糸]
a…●たて糸、よこ糸─ともにパピー グラーニ ホワイト（402）
　約8g（約1/4玉）
b…●たて糸、よこ糸─ともにパピー アンジェロ ライトグレー
　（504）約10g（約1/5玉）
c…●たて糸、よこ糸─ともにKeito取り扱い糸 コリネット モヘア
　ソルティッドケッパー（180）　約10g（約1/5カセ）
d…●たて糸、よこ糸─ともにKeito取り扱い糸 コリネット モヘア
　ラズベリー（35）　約10g（約1/5カセ）

[その他の材料]
安全ピン各1個ずつ、布用ボンド（貼り仕事）

[使用織り機]
22cm角の基本の丸いた織り機

[セット寸法]
a、b、d…たて糸1本どりで、4目ごと（3目おき）に計22目かける。
c…たて糸1本どりで、2目ごと（1目おき）に計46目かける。

[できあがりサイズ]
a…直径約7cm　b、c、d…直径約8cm

[作り方]
1. 織り機にたて糸をかけたら、よこ糸1本どりで織りすすめる。
2. aは直径10cm、b、c、dは直径12cmまで織ったらたて糸をしっかりと結び、結び目ギリギリのところで糸をカット。布用ボンド（貼り仕事）をつけてほつれどめをする。
   ＊織り方、仕上げ方は60、64〜66ページを参照
3. 2でカットしたたて糸を束ねて、同じ毛糸で真ん中をしっかり結び、花芯を作る。結んだ糸端はそのまま残しておく。
4. コサージュを仕上げる。毛糸を細めのとじ針に通し、2の丸形の真ん中を裏側からつまんで縫いしぼる。
5. 3の糸端にとじ針を通し、花芯を4の中心に通して縫いとめる。糸をそのまま使い、4の裏側に安全ピンを縫いとめて、できあがり。

POINT
織り機に使うダンボールの筋の間隔によっては、切り込みの目数が若干変わる場合があります。上記のようにかけて目が余ることもありますが、数個ならそのまま空けて作業して大丈夫です。

(織り図)

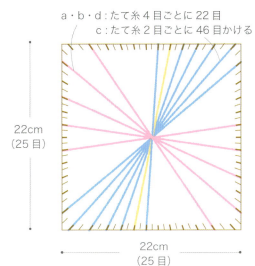

a・b・d：たて糸4目ごとに22目
c：たて糸2目ごとに46目かける

22cm（25目）

22cm（25目）

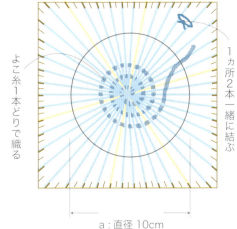

よこ糸1本どりで織る

1カ所2本一緒に結ぶ

a：直径10cm
b・c・d：直径12cm
まで織る

(コサージュの作り方)

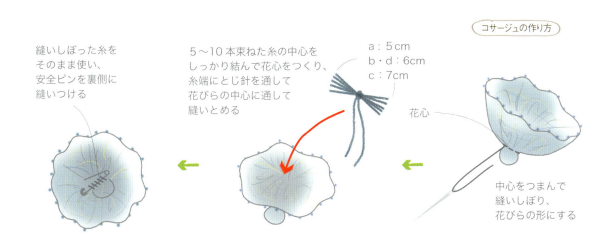

縫いしぼった糸をそのまま使い、安全ピンを裏側に縫いつける

5〜10本束ねた糸の中心をしっかり結んで花心をつくり、糸端にとじ針を通して花びらの中心に通して縫いとめる

a：5cm
b・d：6cm
c：7cm

花心

中心をつまんで縫いしぼり、花びらの形にする

鍋敷き＆鍋つかみ

 ページ

鍋敷き

[使用糸]
- たて糸…Keito取り扱い糸　アラフォスロピ　チャコールグレー（58）約30g（3/5玉、よこ糸分を含む）
- よこ糸…Keito取り扱い糸　アラフォスロピ　チャコールグレー（58）、ダークオレンジのウールジャージ　幅3cm×長さ160cmを3本（幅3cmにカットした後、両端を持って引っぱり、布地をクルンと丸めた状態で使う）

[その他の材料]
布用（布補修）ボンド

[使用織り機]
幅22×長さ30cmの基本のいた織り機

[セット寸法]
たて糸4本どりで22目（幅20×長さ30cm）

[できあがりサイズ]
19×21cm（フリンジ含む）

[作り方]
1. 織り機にたて糸をかけたら、ウールジャージのよこ糸を使い、フリンジ分をとらずに詰めて織りはじめる。織りはじめのよこ糸は8cmほど残しておく。
2. 5段織ったら、よこ糸を毛糸に変え、4本どりで織りすすめ、5段織ったら再びウールジャージに変えて4段織る。
3. 玉どめフリンジ（60ページ参照）の方法でたて糸を始末したら、残しておいた織りはじめの端をたたんで織り地にさし込み、ボンドで貼り合わせてフック用ループを作る。

*織り方は58〜59ページを参照。

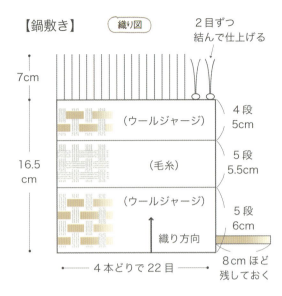

鍋つかみ

[使用糸]
- たて糸…Keito取り扱い糸　アラフォスロピ　チャコールグレー（58）約20g（2/5玉、よこ糸分を含む）
- よこ糸…Keito取り扱い糸　アラフォスロピ　チャコールグレー（58）、ダークオレンジのウールジャージ　幅3cm×長さ160cmを1本

[その他の材料]
布用（布補修）ボンド

[使用織り機]
幅20×長さ12cmの詰め仕上げ用いた織り機

[セット寸法]
たて糸4本どりで12目（幅18×長さ20cm）

[できあがりサイズ]
17×12cm

[作り方]
1. 織り機にたて糸をかけたら、ウールジャージのよこ糸を使い、フリンジ分をとらずに詰めて織りはじめる。織りはじめのよこ糸は8cmほど残しておく。
2. 6段織ったら、よこ糸を毛糸に変え、4本どりで織りすすめる。
3. 5段織ったら、詰め仕上げ（61ページ参照）の方法でたて糸を始末、残しておいた織りはじめの端をたたんで織り地にさし込み、ボンドで貼り合わせてフック用ループを作る。

*織り方は58〜59ページを参照。

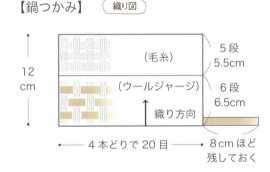

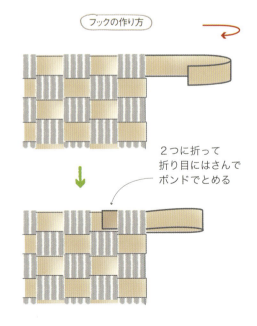

スリムマフラー〜イエロー

 ページ

[使用糸]
すべてAVRIL
- たて糸…和紙リング イエロー（03）、パンジー ウイスキー（03）、綿カール クリーム（03）、マルコⅡ ベージュ（01） 各10g、コルクシェニール シャーベット（08）20g（よこ糸分を含む）
- よこ糸…コルクシェニール シャーベット（08）

[使用織り機]
幅17cm〜のテーブル織り機

[セット寸法]
たて糸は1〜3本どりで17目、長さ152cmにセット（幅15×長さ152cm）

[できあがりサイズ]
11×146cm（フリンジ含む）

[作り方]
1. 織り図を参考に織り機にたて糸をかけたら、フリンジ仕上げ分7cmをとって、よこ糸1本どりで織る。1cmに2〜3段くらいを目安に気持ち詰め気味で織りすすめる。
2. 織りあがったら、玉どめフリンジ（60ページ）の方法でたて糸を始末して仕上げる。その際、真ん中のたて糸Bの3本は1本と2本に振り分け、左右のたて糸と一緒に結ぶ。

＊織り方、仕上げ方は68〜71ページを参照。

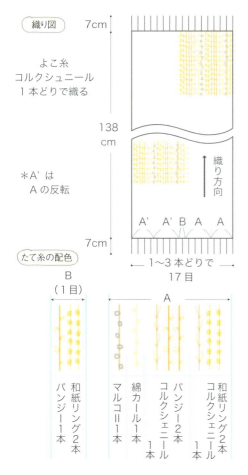

スリムマフラー〜ブルー

 ページ

[使用糸]
すべてAVRIL
- たて糸…和紙リング スカイブルー（06）、デ・セール パープル（49）、ポップコーン ソーダ（05） 各10g、ドロップ ブルー（1）20g（よこ糸分を含む）
- よこ糸…ドロップ ブルー（1）

[使用織り機]
幅17cm〜のテーブル織り機

[セット寸法]
たて糸は1〜5本どりで17目、長さ152cmにセット（幅15×長さ152cm）

[できあがりサイズ]
11×146cm（フリンジ含む）

[作り方]
1. 織り図を参考に織り機にたて糸をかけたら、フリンジ仕上げ分7cmをとって、よこ糸2本どりで織る。1cmに2〜3段くらいを目安に気持ち詰め気味で織りすすめる。
2. 織りあがったら、玉どめフリンジ（60ページ）の方法でたて糸を始末して仕上げる。

＊織り方、仕上げ方は68〜71ページを参照。

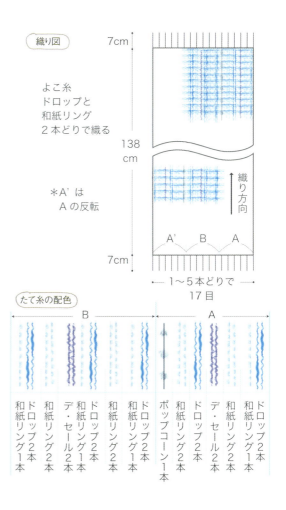

ひざかけストール

26-27 ページ

[使用糸]
- たて糸、よこ糸…ともにクロバー モフモ ホワイト〜グレー（60-565）300g（2玉）

[その他の材料]
黒の4つ穴ウッドボタン（直径3.5cm）2個

[使用織り機]
幅45cm〜のテーブル織り機（1枚で幅がとれない場合は2枚つなげても可）

[セット寸法]
たて糸は1本どりで、ひと目おきに計24目かけ、長さは130cmにセット（幅43×長さ130cm）

[できあがりサイズ]
41×125cm

[作り方]
1. 織り機にたて糸をかけたらフリンジ分をとらず、よこ糸1本どりで織り進める。
2. 織りあがったら、詰め仕上げ（60ページ）の方法でたて糸を始末する。
3. 使用糸をたて2本に裂いて糸に利用し、2カ所にボタンを縫いとめて仕上げる。

*織り方、仕上げ方は68〜71ページを参照。

ツートーンマフラー

28-29 ページ

[使用糸]
- たて糸、よこ糸…ともにDARUMA ウールモヘヤ 水色（3）15g（約1玉）、ピンク（4）30g（約1と1/2玉）

[その他の材料]
布用（布補修）ボンド

[使用織り機]
幅17cm〜のテーブル織り機

[セット寸法]
たて糸は2本どりで18目、長さは125cmにセット（幅15×長さ125cm）

[できあがりサイズ]
約14×120cm（フリンジ含む）

[作り方]
1. 織り図を参考に織り機にたて糸をかけたら、フリンジ仕上げ分7cmをとって、よこ糸2本どりで織る。
2. 織りあがったら、シンプルフリンジ（60ページ）の方法でたて糸を始末して仕上げる。

*織り方、仕上げ方は68〜71ページを参照。

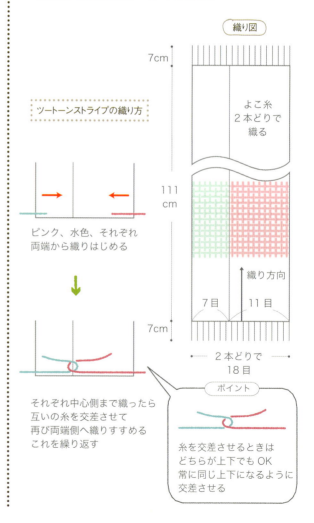

マーガレットストール

32-33 ページ

[使用糸]
- たて糸…パピー グラーニ ダークグリーン（403）70g（約1と3/4玉、よこ糸分を含む）、AVRIL モヘアループ ブラウン（44）10g、モヘアタム カーキ（04）、BFリング グリーン（13）各20g
- よこ糸…パピー グラーニ ダークグリーン（403）

[その他の材料]
直径1.2cmのボタン6個
布用（布補修）ボンド

[使用織り機]
幅44cm〜のテーブル織り機（1枚で幅がとれない場合は2枚つなげても可）

[セット寸法]
たて糸は1〜2本どりで計51目、長さは155cmにセット（幅42×長さ155cm）

[できあがりサイズ]
38×150cm（フリンジ含む）

[作り方]
1. 織り図を参考に織り機にたて糸をかけたら、フリンジ仕上げ分7cmをとって、よこ糸1本どりで織る。2cmに約3段を目安にざっくり織りすすめる。
2. 織りあがったら、シンプルフリンジ（60ページ）の方法でたて糸を始末し、ボタンを縫いつけて仕上げる。

＊織り方、仕上げ方は68〜71ページを参照。

POINT
ちょうどよい幅のダンボールがない場合は、別のダンボールでもう1枚作り、横に並べて使いましょう。テーブルの長さが足りないときは、フタの折り返し部分をテーブルの端に合わせて貼ると、もう少し長く使えます。それでも足りない場合は、床に固定して作業を。
（26ページひざかけストールも同様）

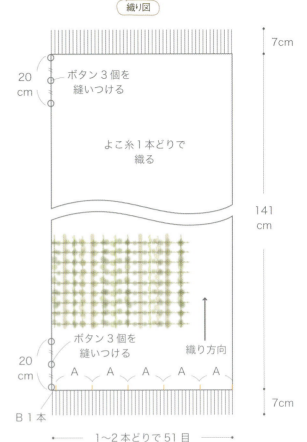

織り図

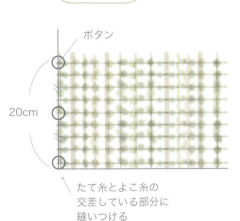

ボタン付け位置

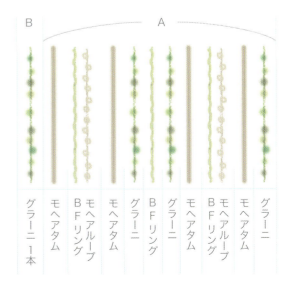

たて糸の配色

インテリアマット

ページ

[使用糸]
- たて糸…AVRIL　綿コード　アップル（103）、ピンク（60）、キウイ（105）、コン（50）、チョコ（108）、グレー（54）、ブルー（109）、オレンジ（102）各10g
- よこ糸…チャコールグレーのTシャツと紺色のカットソー（ともにレディスMサイズ）前後身頃部分各1枚、ライトグレーのTシャツ（メンズMサイズ）前身頃分1枚。それぞれ4cm幅のテープ状にカットし、両端を持って引っぱり、クルンと丸めて使用。（丸くならない生地の場合は、アイロンで軽く4つ折りにして使用）

[その他の材料]
布用ボンド（貼り仕事）

[使用織り機]
幅42cmのテーブル織り機

[セット寸法]
たて糸は1本どりで48目、長さは65cmにセット（幅40×長さ65cm）

[できあがりサイズ]
33×58cm（フリンジ含む）

[作り方]
1. 織り図を参考に織り機にたて糸をかけたら、フリンジ仕上げ分8cmをとって、よこ糸1本どりで織る。織り図を参考に、よこ糸の色を変えながら織りすすめる。
2. 織りあがったら、玉どめフリンジ（60ページ）の方法でたて糸を始末し、たて糸を4本一緒に結んで仕上げる。

*織り方、仕上げ方は68〜71ページを参照。

POINT
よこ糸に使用しているTシャツ地は伸縮性があって縮みやすいので、くれぐれも引っぱらないように気をつけて。多少緩みがちなぐらいで織りすすめるのがポイントです。

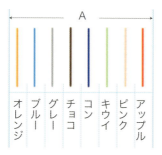

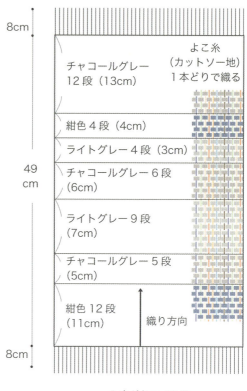

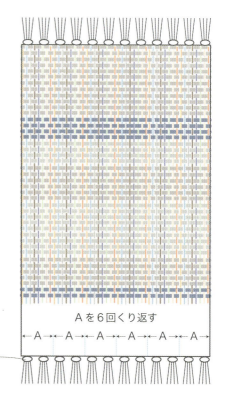

麻ひものぺたんこバッグ

ページ

[使用糸]
- たて糸、よこ糸ともにDARUMA
  ウールジュート インディゴブルー（4） 約150g（約1と1/2個）

[その他の材料]
DARUMA　ウールジュート　ライトグレー（2）　約1/4個〜アクセントステッチ用
直径1.5cmのマグネットボタン1組、手縫い糸

[使用織り機]
幅27×長さ45cmのくるくるフタつき袋織り機

[セット寸法]
たて糸2本どりで、表裏計75目（幅27×長さ45cm）

[できあがりサイズ]
26×29cm（持ち手部分含まず）

[作り方]
1. 織り機にたて糸をかけたら、よこ糸2本どりで織り機をくるくると表裏に回しながら織りすすめる。
2. 底から29cmのところまで織ったら目を休め、持ち手部分のたて糸のみを表から裏に向かって織りすすめる。
3. 休めていたたて糸を始末したら織り機からはずし、織り地をクルッと返して形を整える。
4. ステッチ用のウールジュートをとじ針に通し、織り目を利用して、持ち手の幅分グルリとステッチを入れる。
5. 袋口にマグネットボタンを縫いつけて、できあがり。

*織り方、たて糸の始末の仕方は73〜77ページを参照。

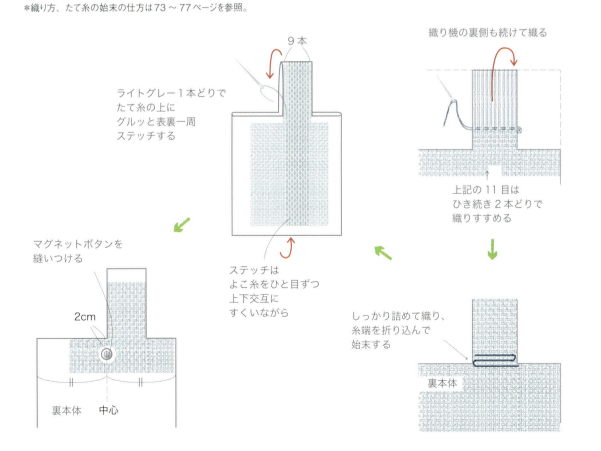

麻ひも＆裂き布の ぺたんこバッグ

 ページ

[使用糸]
- たて糸…DARUMA　麻ひも モスグリーン（5）　約1個（よこ糸分を含む）
- よこ糸…DARUMA　麻ひも モスグリーン（5） 裂き布＝ブルーのリネン地（45cm×5本）、若草色のリネン地（50cm×6本）、ブルーの水玉プリント（100cm×4本）、グリーン系の幾何学プリント（23cm×6本）、花柄プリント（23cm×6本）、ベージュのプリント（35cm×4本）　それぞれ1cm幅のテープ状にカットして記載本数分用意する。

[その他の材料]
持ち手用布＝よこ糸（裂き布）と同じ布地　幅4×70cmを6本（3本1組で使用）
布用ボンド（貼り仕事）

[使用織り機]
幅27×長さ45cmのくるくるフタつき袋織り機

[セット寸法]
たて糸1本どりで、表裏計87目（幅27×長さ45cm）

[できあがりサイズ]
27×31cm（持ち手部分含まず）

[作り方]
1. 織り機にたて糸をかけたら、6種類の裂き布をボンドで貼りつなげながら、織り機をくるくると表裏に回しながら織りすすめる。
2. 底から7cmのところまで織ったらよこ糸を麻ひも2本どりに変えて織りすすめる。
3. 底から32cmまで織ったら、たて糸を始末して織り機からはずし、織り地をクルッと返して形を整える。これでバッグ本体は完成。
4. 持ち手を作る。持ち手用の布を3本1組で三つ編みにし、両端を輪ゴムでとめておく。
5. 4を本体に取り付ける。目打ちで3の持ち手位置の織り地を広げたら、輪ゴムをはずして片側は表から内側に通し、内側で結ぶ。
6. もう片側は内側から表に通し、表側で結んで布端を4〜5cm残して余分をカットする。

＊織り方、たて糸の始末の仕方は73〜77ページを参照。

（織り図）

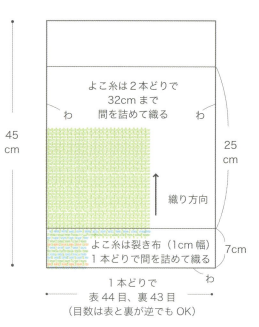

（持ち手の作り方）

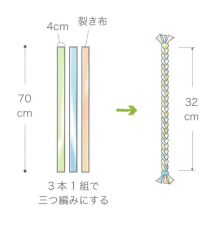

3本1組で三つ編みにする

● 持ち手つけ位置

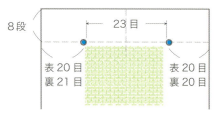

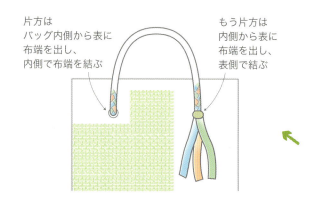

★反対側は持ち手の出し方を逆にして結ぶ

クッションカバー

38-39 ページ

[使用糸]
糸はすべてハマナカ
a…●たて糸─ドゥー！ ベージュ（9）70g（約4/5カセ）
　●よこ糸─ソノモノループ ライトグレー（52）40g（1玉）、ソノモノヘアリー ベージュ（122）15g（3/5玉）、ライトブラウンのウールフラノ地　幅10cm×長さ76cmを4枚
b…●たて糸─ドゥー！ ホワイト（1）
　●よこ糸─ソノモノループ オフホワイト（51）40g（1玉）、ソノモノヘアリー オフホワイト（121）15g（3/5玉）、オフホワイトのウールフラノ地　幅10cm×長さ76cmを4枚
c…●たて糸─ドゥー！ ダークブラウン（6）
　●よこ糸─ソノモノループ ダークブラウン（53）40g（1玉）ソノモノヘアリー ダークブラウン（125）15g（3/5玉）、ダークブラウンのウールフラノ地　幅10cm×長さ76cmを4枚

[その他の材料]
直径2～2.5cmのスナップボタン4組（カバー1個に付き）、手縫い糸、布用ボンド（貼り仕事）

[使用織り機]
たて（織り幅）33cm、よこ（長さ）33cm～のくるりん袋いた織り機

[セット寸法]
たて糸2本どりで、表裏計46目（幅33×長さ33cm）

[できあがりサイズ]
32×33cm（スナップ部分含まず）

[作り方]
1. よこ糸用のウールフラノ地は、アイロンで折りたたんでボンドで貼り合わせておく。
2. 織り機にたて糸をかけたら、織り図を参考に、よこ糸（毛糸と1）を順番に織っていく。
3. 最後まで織ったら織り機からはずし、糸端を裏に出して始末する（この織り地はクルッと返さず、作業の際、表にしていたほうを表として使う）。
4. ウールフラノ地4カ所の端（内側）にそれぞれ、スナップボタンを縫いつけて仕上げる。

＊織り方は78～81ページを参照。

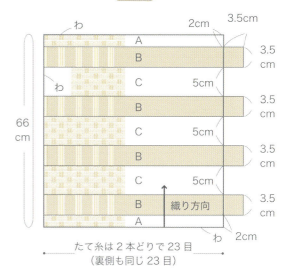

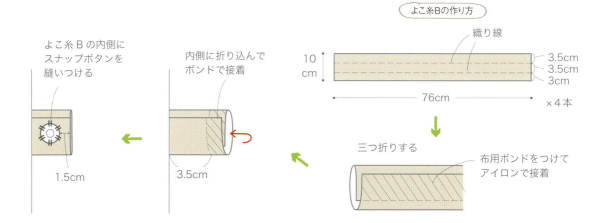

きんちゃくとカードケース

 ページ

きんちゃく

[使用糸]
- たて糸…DARUMA 夢色木綿 ベージュ（16）約10g（2/5個）
- よこ糸…裂き布 ギンガムチェック（紺と水色）、ストライプ（ブルーと赤）それぞれ幅1.2×90cmを4本、赤の無地 幅1.2×90cmを8本（素材はすべてコットン）

[その他の材料]
幅0.7cmのグレーのグログランリボン（きんちゃくひも用）長さ50cm×2本、布用ボンド（貼り仕事）

[使用織り機]
たて（織り幅）15cm、よこ（長さ）23cm～のくるりん袋いた織り機

[セット寸法]
たて糸は1本どりで、表裏計74目（幅15×長さ20cm）

[できあがりサイズ]
15×18cm

[作り方]
1. 織り機にたて糸をかけたら、織り図を参考によこ糸（6種類の裂き布）1本どりで織りすすめる。
2. 最後まで織ったら織り機からはずし、織り地をクルッと返して形を整える。
3. きんちゃくひも用のグログランリボンを2に引き違いに通す。

*織り方は78～81ページを参照。

カードケース

[使用糸]
- たて糸…DARUMA ウールジュート ライトグレー（2）約1/7個
- よこ糸…裂き布 ギンガムチェック（紺と水色）各幅1.2×80cmを1本、赤のストライプ 幅1.2×90cmを4本、赤の無地 幅1.2×80cmを4本（素材はすべてコットン）

[その他の材料]
布用ボンド（貼り仕事）

[使用織り機]
幅12×長さ20cmのくるくるフタつき袋織り機

[セット寸法]
たて糸は1本どりで、表裏計41目（幅12×長さ20cm）

[できあがりサイズ]
10.5×9cm（フタを閉じた状態で）

[作り方]
1. 織り機にたて糸をかけたら、4種類の裂き布（よこ糸）をボンドで貼りつなげながら、織りすすめる。
2. 底から8cmのところまで織ったら、袋部分は完成。続けてフタ部分を織る。織り機の裏側のたて糸は休め、表側のみ織りすすめる。
3. 底から13cmまで織ったら、たて糸を始末して織り機からはずし、織り地をクルッと返して形を整える。

*織り方、たて糸の始末の仕方は73～77ページを参照。

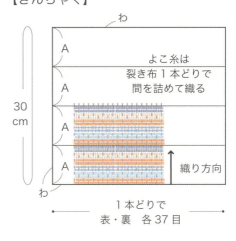

（織り図）
【きんちゃく】

わ

30cm

1本どりで 表・裏 各37目

織り方向

よこ糸は裂き布1本どりで間を詰めて織る

（よこ糸の配色）

- 紺ギンガム
- ストライプ
- 赤 無地
- 太ストライプ
- 水色ギンガム
- 赤 無地

裂き布各1本どりで2段ずつ織る
Aのパターンを4回くり返して織る

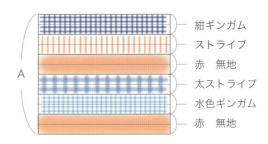

織り上がったら織り機を抜く

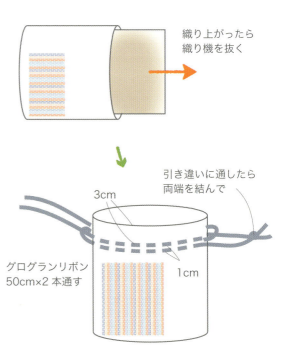

3cm

1cm

引き違いに通したら両端を結んで

グログランリボン 50cm×2本通す

【カードケース】

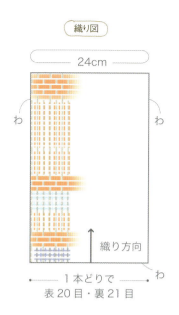

織り図

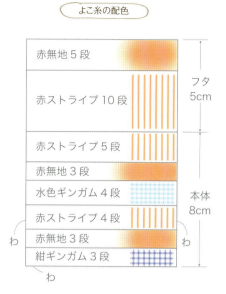

よこ糸の配色

手作りシャトルの作り方

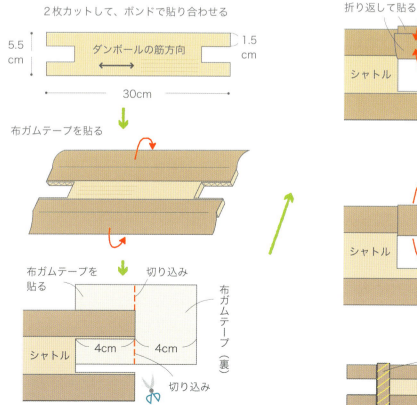

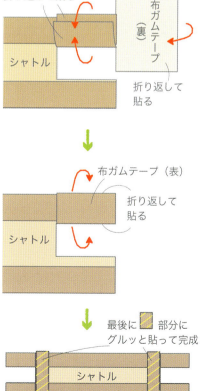

クラッチバッグ

 ページ

[使用糸]
- たて糸…パピー グラーニ ライトグレー（407）70g（1と3/4玉、よこ糸分を含む）AVRIL ポップコーン ベリー（07）10g
- よこ糸…パピー グラーニ ライトグレー（407）、パピー アンジェロ ブルーグレー（505）50g（1玉）

[その他の材料]
AVRIL　パンジー シルバーグレー（05）、パンジー グレージュ（02）、トビモール コン（08）各10g（アクセントステッチ用）
紺色のリネン地（内布用）50×30cm
直径1.5cmのマグネットボタン1組、手縫い糸

[使用織り機]
幅27×長さ36cmのくるくるフタつき袋織り機

[セット寸法]
たて糸は2〜3本どりで　表裏計57目（幅27×長さ36cm）

[できあがりサイズ]
26×18cm（フタを閉じた状態で、外側から計測）

[作り方]
1. 織り図を参考に織り機にたて糸をかけたら、よこ糸2本どりで織り機をくるくる表裏に回しながら織りすすめる。
2. 底から18cmのところまで織ったら、袋部分は完成。続けてフタ部分を織る。織り機の裏側のたて糸は休め、よこ糸（2本どり）の種類を変えて、表側のみ織りすすめる。
3. フタの織りはじめから13cmまで織ったら、たて糸を始末して織り機からはずし、織り地をクルッと返して、形を整える（この織り地に関しては、表裏をチェックしてみて、自分の好きなほうを表にしてOK）。
4. 3種類の糸で、3にアクセントのステッチを入れる。続けて、裏側にマグネットボタンを縫いつけて、本体は完成。
5. リネン地をサイズ通りにカットし、中表に合わせて縫う。
6. 縫い代を折りたたんで整えたら4の中に入れて形を整え、縁をまつり縫いして仕上げる。

＊織り方、たて糸の始末の仕方は73〜77ページを参照。

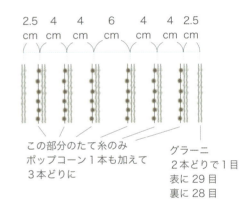

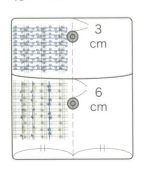

織り地にマグネットボタンを縫いつける

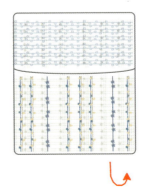

右記の位置図を参考に完成した織り地に本体前→後ろ→フタまでグルッとステッチする

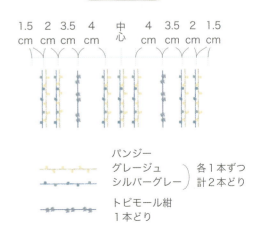

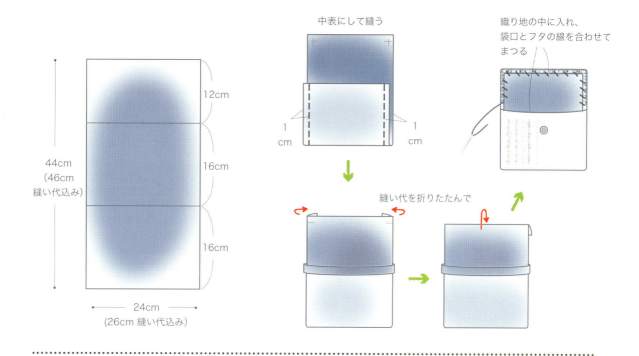

手作りそうこうの作り方
72 ページ

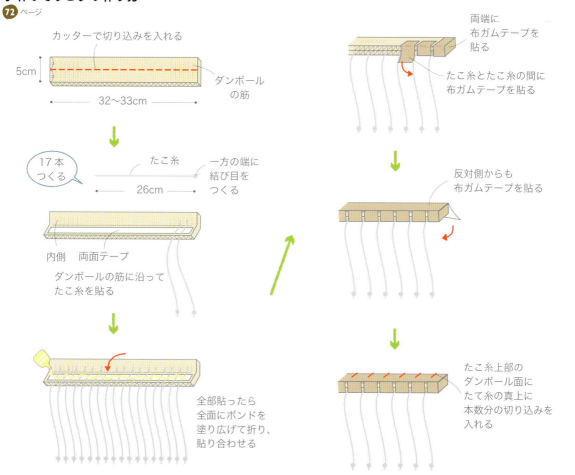

ポット＆カップウォーマー

 ページ

ポットウォーマー

[使用糸]
- たて糸…パピー ミュルティコ ミックスカラー（577）25g（約1/2玉）
- よこ糸…AVRIL ポコ チーズケーキ（04）20g、キャンディーグリーン（03）、レッド（35）各10g

[使用織り機]
幅23cm～×一周60cmの基本のはこ織り機

[セット寸法]
たて糸3本どりで、26目（幅21×一周60cm）

[できあがりサイズ]
高さ18×円周約58cm（このサイズ内におさまるポットなら、どんな形のポットにも使えます）

[作り方]
1. 織り機にたて糸をかけたら、よこ糸2本どりで織りすすめる。
2. 織りあがったら糸端を始末する。
3. とじ針に毛糸を通し、どちらか片方を折りたたみながら縫いとめ、しっかりと結んで仕上げる。

＊織り方は82～85ページを参照。

> **POINT**
> 手持ちのポットがこのサイズに当てはまらない場合は、ポットの高さと円周（ポット周りをグルッと一周したサイズ。注ぎ口や持ち手なども含む）を測り、その数値に合わせてはこ織り機を作って織ります。

カップウォーマー

[使用糸]
- a…
  - たて糸―パピー ミュルティコ ミックスカラー（577）、AVRIL ポコ キャンディーグリーン（03）各少々（計約6g程度）
  - よこ糸― AVRIL スラブリング レモン（03）約6g
- b…
  - たて糸―パピー ミュルティコ ミックスカラー（577）、AVRIL ポコ キャンディーグリーン（03）各少々（計約6g程度）
  - よこ糸― AVRIL BFリング ソーダ（05）約6g
- c…
  - たて糸―パピー ミュルティコ ミックスカラー（577）、AVRIL ポコ チーズケーキ（04）各少々（計約6g程度）
  - よこ糸― AVRIL スラブリング レモン（03）約6g

[その他の材料]
マスクゴム（a、cは黄色、bは水色）各50cm

[使用織り機]
幅9cm～×一周24cmのはこ織り機

[セット寸法]
たて糸3本どりで7目（幅7×一周24cm）

[できあがりサイズ]
高さ6.5×円周約23cm（底から7cmあたりのカップの円周。今回は23cmのカップ用）

[作り方]
1. 織り機にたて糸をかけたら、よこ糸2本どりで織りすすめる。
2. 織りあがったら糸端を始末する。
3. カップの底になるほうを決め、とじ針にマスクゴムを通して3周ザクザクと縫うように通し、少し縮めて仕上げる。

＊織り方は82～85ページを参照。

> **POINT**
> カップウォーマーを作る際はまずウォーマーの高さを決め、高さ上側のカップの円周を測って、1周が円周＋1cmになるようにはこ織り機を作ります。織り機の幅は、ウォーマーの高さ＋2cm以上を目安に。

【ポットウォーマー 織り図】

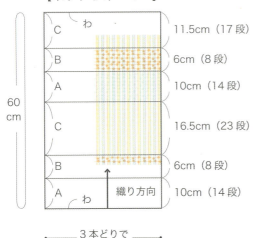

よこ糸2本どりで織る
- A ポコ・キャンディーグリーン
- B ポコ・レッド
- C ポコ・チーズケーキ

【カップウォーマー 織り図】

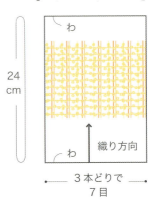

よこ糸 各2本どりで織る
- a・c スラブリング
- b BFリング

スヌード

44-45 ページ

[使用糸]
- たて糸…Keito取り扱い糸 コリネット ポイントファイブ オクトーバーアフタヌーン（175）100g（1玉）
- よこ糸…Keito取り扱い糸　スラブフリンジ（505）グレー、約10g
  AVRIL　ピカソ レンガ（42）120g、ウラン オリーブ（24）10g、ジョバンニ ブラウン（03）10g、モヘアループ ブラウン（44）10g

[その他の材料]
Keito取り扱い糸　スラブフリンジ（509）モスグリーン　少々

[使用織り機]
幅22cm～×一周150cmのはこ織り機

[セット寸法]
たて糸2本どりで18目（幅20cm×一周150cm）

[できあがりサイズ]
18cm×周囲146cm（内径）

[作り方]
1. 織り機にたて糸をかけたらよこ糸2～3本どりで、織り図を参考に糸を変えながら織りすすめる。
2. 織りあがったら、糸端を始末して仕上げる。

＊織り方、仕上げ方は82～85ページを参照。

織り図

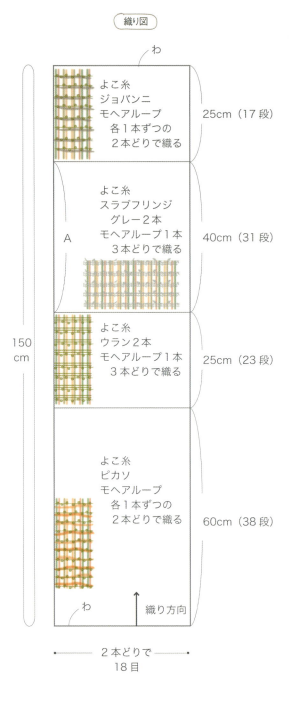

よこ糸
ジョバンニ
モヘアループ
各1本ずつの
2本どりで織る
25cm（17段）

A
よこ糸
スラブフリンジ
グレー2本
モヘアループ1本
3本どりで織る
40cm（31段）

よこ糸
ウラン2本
モヘアループ1本
3本どりで織る
25cm（23段）

よこ糸
ピカソ
モヘアループ
各1本ずつの
2本どりで織る
60cm（38段）

150cm

わ　織り方向

2本どりで18目

【A部分】

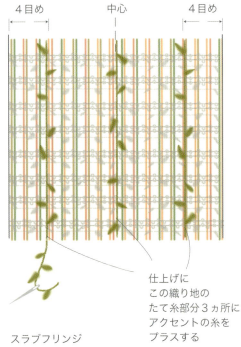

4目め　中心　4目め

スラブフリンジ
モスグリーン1本どり
とじ針に通して
たて糸に沿いながら
ザクザクとステッチする

仕上げに
この織り地の
たて糸部分3ヵ所に
アクセントの糸を
プラスする

ぽんぽんぼうし

48-49 ページ

[使用糸]
すべてDARUMA
- たて糸…ウールロービング ベージュ（2）50 g（1玉）、ポンポンウール こげ茶（8）50 g（1と2/3玉、よこ糸分を含む）
- よこ糸…ポンポンウール こげ茶（8）

[使用織り機]
幅24cm～×一周59cmのはこ織り機

[セット寸法]
たて糸4本どりで19目（幅21×一周59cm）

[できあがりサイズ]
高さ19×頭囲58cm

[作り方]
1. 織り図を参考に織り機にたて糸をかけたら、よこ糸4本どりで織りすすめる。
2. 織りあがったら、よこ糸端を始末して織り機からはずし、一方のたて糸（茶色の毛糸側）を始末する。
3. 残しておいたたて糸端を引いてしっかりしぼり、帽子型に整えたら、引いたたて糸を利用して縫いとめる。
※織り方、仕上げ方は82～85ページ参照。
4. 残った糸でぽんぽんを作り、3に縫いとめる。

（織り図）

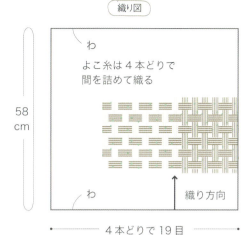

よこ糸は4本どりで間を詰めて織る

58cm

4本どりで19目

織り方向

（たて糸の配色）

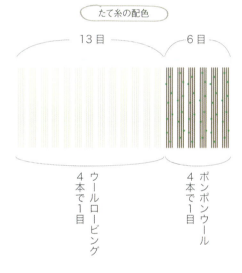

13目　6目

ウールロービング 4本で1目　ポンポンウール 4本で1目

（ぽんぽんの作り方）

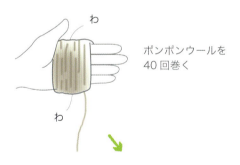

ポンポンウールを40回巻く

わ　わ

中心を糸でしっかり巻いて結ぶ

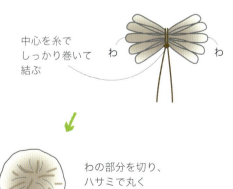

わの部分を切り、ハサミで丸く形を整える

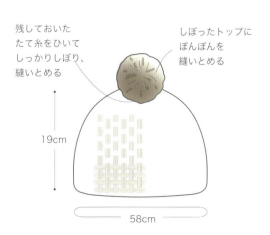

残しておいたたて糸をひいてしっかりしぼり、縫いとめる

しぼったトップにぽんぽんを縫いとめる

19cm

58cm

レッグウォーマー
46-47 ページ

[使用糸]
- たて糸…AVRIL ビッグロービング ブルー（2）90g、Keito取り扱い糸　コリネット　フープラ ソルティッドケッパー（180）50g（1カセ、よこ糸分を含む）
- よこ糸…Keito取り扱い糸　コリネット　フープラ ソルティッドケッパー

[使用織り機]
幅28cm～×一周36cmのはこ織り機

[セット寸法]
たて糸2本どりで21目（幅26×1周36cm）

[できあがりサイズ]
長さ24×周囲36cm（外径）

[作り方]
1. 織り機にたて糸をかけたら、よこ糸2本どりで織りすすめる。
2. 織りあがったら、糸端を始末して仕上げる。2個作る。
*織り方、仕上げ方は82～85ページを参照。

> **POINT**
> 上記の毛糸量は、ほぼジャストの使用量です。このレッグウォーマーのように同じサイズを2個1組で作る場合は、最初に毛糸を2等分してから作業すると、片方の糸が足らなくなることもなく均等に仕上げることができます。

織り図

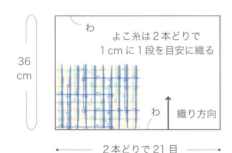

リネンの裂き織り トートバッグ
50-51 ページ

[使用糸]
- たて糸…ハマナカ コマコマ 黒（12）60g（1と1/2個）、ブルー（16）20g（1/2個）
- よこ糸…黒のリネン地 幅1.3cm×120cmを25本、ブルーのリネン地 幅1.3cm×128cmを25本

[その他の材料]
黒の革（持ち手用）幅10cm強～長さ45cmの革を5×44cmに2枚カットして使う。市販品を使ってもOK。
黒の革用縫い糸（他の太めの縫い糸でも可）
裂き布と同じリネン地　50×70cm（内布用）
布用ボンド（貼り仕事）

[使用織り機]
幅32×高さ27×奥行き14cmのはこ織り機

[セット寸法]
たて糸は1本どりで表裏・両側合わせて計137本（高さ27×一周前後面82、側面118cm）

[できあがりサイズ]
幅30×マチ（奥行き）12×高さ25cm（持ち手部分含まず）

[作り方]
1. 織り図を参考に織り機にたて糸をかけたら、まず、黒の裂き布をよこ糸に底から織りはじめる。
2. 底の立ち上がりから7cmまで織ったら、よこ糸をブルーの裂き布に変えて織りすすめる。
3. 色を変えてから18cm織ったら、たて糸を始末する。これで袋本体は完成。
*織り方は86～91ページを参照。
4. 持ち手用の革の両端に目打ちで糸を通す穴をあけ、3に縫いつける。
5. 内布用のリネン地をサイズ通りにカットし、中表に縫う。
6. 5の縫い代を折り、4の中に入れて形を整えたら、袋口をまつって仕上げる。
*バッグの底をしっかりさせたいときは、ダンボールやベルポーレン（芯）に内布と同じ布を貼って入れるといいでしょう。

織り図

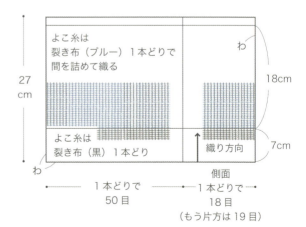

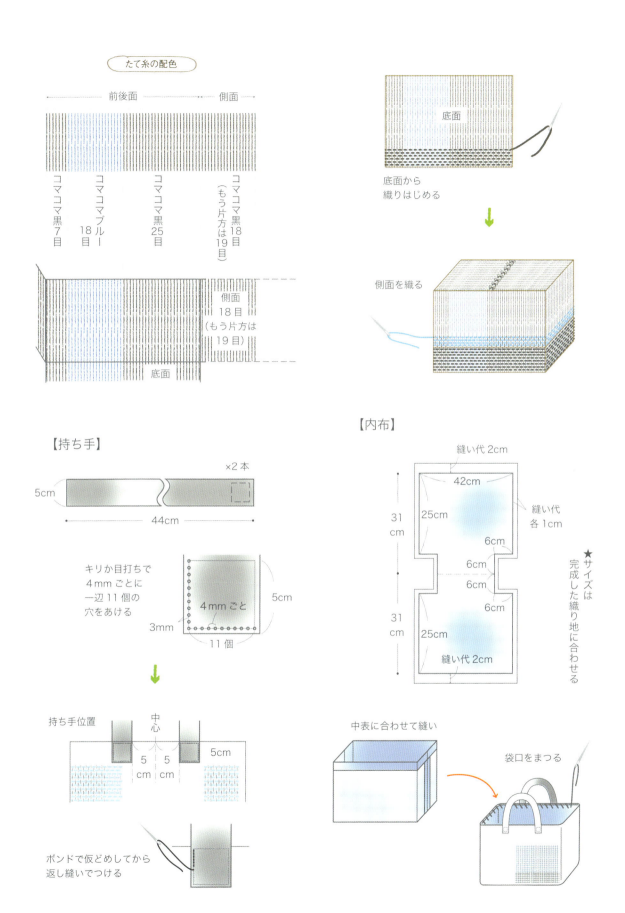

ウールのキューブバッグ

ページ

[使用糸]
すべてハマナカ
- たて糸…ドゥー！ 白（1）100g（1カセ）、コマコマ 白（1）約30g（3/4個）
- よこ糸…ドゥー！ 赤（4）100g（1カセ）、コマコマ 赤（7）約30g（3/4個）

[その他の材料]
安全ピン（ぽんぽん用）1個

[使用織り機]
幅35×高さ19×奥行き16cmのはこ織り機（左記のサイズの箱を立てて使う）

[セット寸法]
たて糸は3本どりで表裏・両側合わせて計45目（高さ35×一周前後面108、側面102cm）

[できあがりサイズ]
幅17.5×奥行き14.5×高さ23cm（持ち手部分含まず）

[作り方]
1. 織り機にたて糸をかけたら、よこ糸3本どりで底から織りはじめる。持ち手を織る部分のたて糸（5本分）はカットして上部で結ばず、1本のままで回してセットする。
2. 底の立ち上がりから23cmまで織ったら、持ち手部分以外のたて糸を休ませる。
3. よこ糸1本どりで詰め気味にしながら持ち手を織りすすめ、織りあがったらよこ糸を始末する。
4. 続けて、休めておいたたて糸も始末する。
5. 余った毛糸でぽんぽんを作り、ぽんぽんの糸端を使って裏に安全ピンをとめ、バッグにつける。

*織り方は86〜91ページを参照。
*バッグの底をしっかりさせたいときは、ダンボールやベルポーレン（芯）に好みの色の布を貼って入れるといいでしょう。

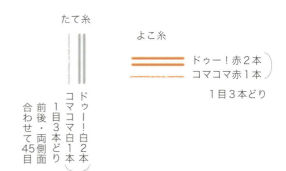

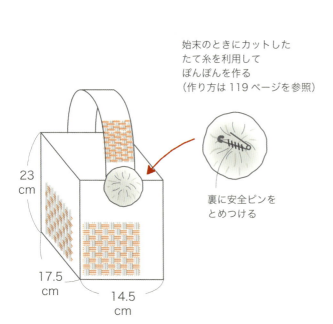

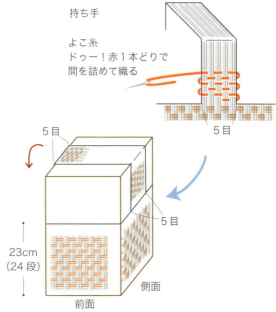

糸コレクション

掲載作品に使った糸たちを、まとめてご紹介します。

＊数色使用している糸は、代表して1色を原寸大で掲載しています。
＊2016年9月現在のものです。発売時期や在庫によっては入手できないものもありますので、ご了承ください。

AVRIL（アヴリル）

1. ウールスライバー
2. ピカソ
3. ジョバンニ
4. ビッグロービング
5. ポコ
6. スラブリング
7. BFリング
8. ウラン

AVRIL（アヴリル）
- 9. ポリモール
- 10. モヘアタム
- 11. モヘアループ
- 12. ビッグポンポン
- 13. ポップコーン
- 14. ポプリ
- 15. トビモール
- 16. ボンボンモール
- 17. ドロップ
- 18. 綿カール
- 19. パンジー

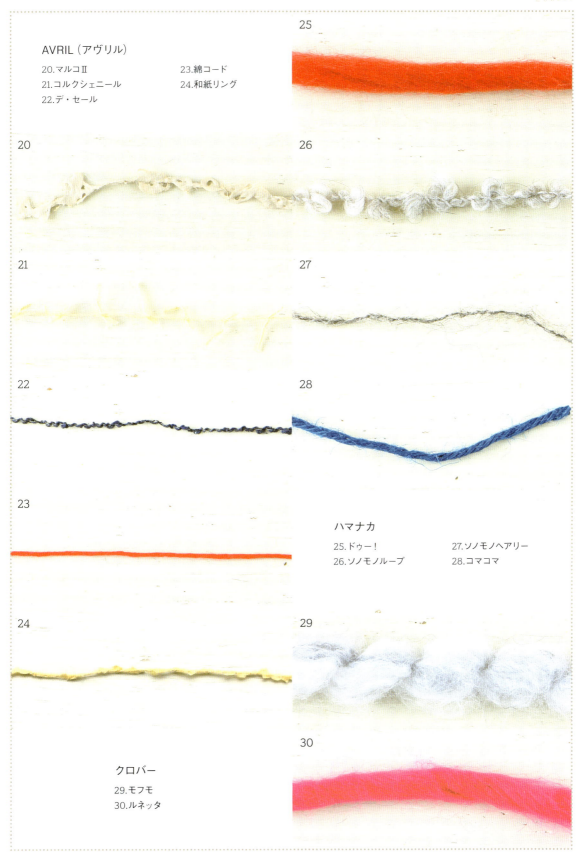

AVRIL（アヴリル）
20. マルコⅡ
21. コルクシェニール
22. デ・セール
23. 綿コード
24. 和紙リング

ハマナカ
25. ドゥー！
26. ソノモノループ
27. ソノモノヘアリー
28. コマコマ

クロバー
29. モフモ
30. ルネッタ

横田株式会社・DARUMA

31. コンビネーションウール
32. ビッグボールミスト
33. ウールモヘヤ
34. 手つむぎ風タム糸
35. ポンポンウール
36. ヘンプストリング
37. ウールロービング
38. シェットランドウール
（レッスンページ P64〜で使用）
39. フェイクファー
40. ウールジュート
41. 麻ひも
42. 夢色木綿
43. SASAWASHI